最可惜一片江山

传统政治文化中的朱元璋

黄波——著

人民东方出版传媒
東方出版社

图书在版编目（CIP）数据

最可惜一片江山：传统政治文化中的朱元璋 / 黄波 著. — 北京 : 东方出版社，2017.5
ISBN 978-7-5060-9600-3

Ⅰ.①最…　Ⅱ.①黄…　Ⅲ.①朱元璋（1328–1398）—传记　Ⅳ.①K827=48

中国版本图书馆CIP数据核字（2017）第119208号

最可惜一片江山：传统政治文化中的朱元璋
（ZUI KEXI YIPIAN JIANGSHAN : CHUANTONG ZHENGZHI WENHUA ZHONG DE ZHUYUANZHANG）

作　　者：黄　波
责任编辑：武　倩
出　　版：东方出版社
发　　行：人民东方出版传媒有限公司
地　　址：北京市东城区东四十条113号
邮　　编：100007
印　　刷：北京楠萍印刷有限公司
版　　次：2017年8月第1版
印　　次：2017年8月第1次印刷
开　　本：880毫米 × 1230毫米　1/32
印　　张：8.5
字　　数：181千字
书　　号：ISBN 978-7-5060-9600-3
定　　价：42.00元
发行电话：（010）85924663　85924644　85924641

目录

自序　穿越历史的迷雾

这不是一本朱元璋的传记

本书以“朱元璋”为题，但读者将要看到的，并不是一本朱元璋传。

关于朱元璋的传记，前人早就有了，而且不止一部两部。为一般读者熟知，又得到专业人士认可的，则有吴晗先生多次改写、于二十世纪六十年代定稿的《朱元璋传》，和中央民族大学教授陈梧桐先生撰写、初版于 1993 年的《洪武皇帝大传》。就我个人而言，虽然对这两本再版多次、印量极大的书都保留有自己的看法，但还是认为，经过像吴晗、陈梧桐先生等前辈学者的努力，关于朱元璋的基本史实，是早已考证清楚了，再写朱元璋的传记已经没有什么意义。

写朱元璋传已无新意，而我对朱元璋又实在有着莫大的兴趣。怎么办？幸好，前人留下了一个空档，这就是从传统政治文化的角度审视朱元璋，到目前为止，似乎尚无人去做。

什么是政治文化？套用一些概念，它指的是一种观念形态，是人们参与现实政治生活过程的经验积累，包括一个民族在特定时期普遍奉行的一整套政治态度、信仰、情感、价值等基本取向。抛开缠夹的术语，通俗地说，从传统政治文化的角度审视朱元璋，就是看朱元璋身上有多少历史因袭的影子，他又改造了哪些传统；在现实政治生活里他采取的种种举措，放到传统政治文化背景中，能否有一个合情或合理的解释，而这些措施又结出了什么果实……

正是出于这样一种初衷，我在写作本书时，并没有平铺直叙朱元璋的一生，仅在最前面一章中撮其大概，而最用力处，则是把朱元璋作为传统政治文化“孕育”“浸泡”下的一只“麻雀”，结合其一生中最重要、最耐今人思索的事件，综合运用一些初级的历史学、政治学、社会学、经济学方法，剖析这位独特帝王的性格、心理，和这些事件对后来中国历史进程、社会变迁的影响。

“中间代史学”：游走于专家和草根之间

历史正成为一种时尚。

首先，是因为历史本身是有趣的；其次，不同的个体和人群，都可以从历史中各取所需，做皇帝的说“可知兴替”；大臣们说“可明得失”；知识分子说“鉴古知今”；普罗大众则说“让人聪明”……

过去我们说到历史的时候，大都意味着庄重和肃穆，那是因为历史曾是专家的专利；时移世变，到了网络时代，历史更多地成为一种供人娱乐和调侃的东西。于是，理论告诉我们，在以往单一的

“专家史学”之外，诞生了“平民史学”，或曰“草根史学”。现实告诉我们，存在的就是合理的，因为坊间打着历史的旗号，卖得最好的书，往往就是“草根史学”。

我敬重“专家史学”，专家意味着对研究理论的熟练掌握，专业知识的丰富储备以及对史料的充分研读，比如你想得到关于朱元璋比较准确、翔实的知识，还得到专家著作里去找；我也欣赏“草根史学”，“草根”们以喜闻乐见的方式，把历史推到受众面前，他们仿佛具有四两拨千斤的功力，总能把沉重化为一笑。

对历史感兴趣者中，不是任何人都能当好“专家”或“草根”的角色。因为我的天资和客观条件，我注定成不了专家，同时由于我个人的趣味，我也当不好能够将历史之千斤当四两拨弄的“草根”。那么在专家和草根以外，难道就没有别的空间了吗?

我在思考这个问题的时候，就不禁造生了一个“中间代史学”的概念。熟悉当代新诗的人一看即知，这是从“中间代诗人”这个概念中偷来的。不过，我并未像诗歌理论家那样，准备借此表达一种多么深刻的主张，只是勾画出一种游走于专家和草根之间的姿态罢了。

我之所以标举“中间代史学”，既是缘于自己既做不了专家也不是“草根”，也是因为对这二者都有自己的理解。在我看来，专家在专门之学上当然都下过很深的功夫，但也许正因为无暇或不屑旁顾，往往难免会就专业谈专业，缺乏开阔的视野，而出现观念束缚过重的问题。我为了写这本书，读了不下 60 种（注意，不是 60 册）关于明史的史料和著作，还有相当数量的论文，意外发现，并非专业研究明史的陈建华的《中国江浙地区十四至十七世纪社会意识与文学》对我的启发还在很多专业明史学者的论著之上。有些明史专家的著作，看得出下过很大的功夫，但我们现在读起来，却总觉得差了点什么。舒芜先生评陈迩冬关于三国历史的著作《闲话三分》时，曾经说过："说历史要能撄现代人心"。窃以为，不少专家之书都有一个很大的缺憾，就是无法"撄现代人心"。你通过披阅史料，把一个帝王的生活描述得非常精细，供给了读者知识，当然不错，但如果无法激发当代读者丰富的联想和思考，还怎么"撄人心"？而草根史学，则越来越沉迷于用网络时代的语言复述历史故事，它给了人们最初的新奇，却因为缺乏对历史的"穿透力"，很难让受众再进一步，至于其因准备不足而产生的知识硬伤，更常常贻笑大方。

理想的"中间代史学"就是要填补专家和"草根"之间的这个缝隙。它以专家史学辛勤建立的大厦为基础，力戒硬伤，而又能够跳出专业圈，轻松解除既有观念的束缚，以一种冷静的心态平视任何一个历史人物。当然，它也愿意尽可能地借鉴草根史学容易让受众接近的一些长处。

我这本书就是游走于专家和"草根"之间的一个尝试。我希望它所反映出来的，是一个用大历史的眼光、以当代人的视角观察得来的崭新的朱元璋的形象。这样一个标准，对我这个天分和努力都不够的人来说真是太高了一点，只能说"虽不能至，心向往之"。

可能的一点新意

由于我的写作旨趣，本书或许会在以下几方面呈现出一定的新意：

放弃贴标签的做法。所谓贴标签，就是先根据某种先验正确的理论，给历史人物贴上程式化的标签，然后无论这个人物说了什么，做了什么，这个标签都会如影随形，万变不离其宗，而不管在具体的场景中，这个标签离基本史实和情理有多远。比如朱元璋当上皇帝后，是不是就成了某些史学家所指称的"明朝地主阶级的总代表"，朱元璋的人生是不是真的有一个所谓的"蜕变"，即前期造反代表农民利益，后来削平群雄则站在了农民的对立面；又比如朱元璋打击富人的政策，是不是对农民利好等等，我都立足于史料提出了个人的私见。私见未必对，但都是独立思考的产物，而不是根据某种理论推演、套来的。

对历史中的每个个体平等看待，尊重个体的感受和权利。由于重集体轻个体的传统，以及历史决定论的影响，我们向来习惯于把历史人物放到一个宏大的背景中去评判，然后得出貌似客观实为冷漠的结论，却常常忽略历史曾经是由无数个活生生的人上演的，这些个体的感受和权利绝不是可有可无的东西，他们的血泪不能轻易被一些宏大的符号所遮蔽。比如朱元璋所实施的军屯和逼迫富户移民，历史著作中都是予以盛赞的，认为"有益于战后生产力的恢复"，"推动了历史前进"，但我们不应忘记，军屯的成效是以对军屯中低级士兵权利的极大剥夺为代价的，那些被迫背井离乡的富户的呻吟虽然微弱，但一个二十一世纪的论史者也不应充耳不闻。

“历史意见”和“时代意见”并重。“历史意见”和“时代意见”的区分是著名史学家钱穆先生在《中国历代政治得失》中提出来的。所谓“历史意见”，就是指当初在具体的历史时期，有关各方对某一人或某一制度意见之反映；所谓“时代意见”，就是指时过境迁，后代人单凭自己所处的环境和需要来评论过去时代中的人物和制度。我所理解的钱穆先生的“历史意见”，就是要求论史者尽可能回到历史现场，不超越历史人物所置身的时代，不以今人事后之高明来嘲弄古人。虽然克罗齐说“一切历史都是当代史”，也就是说“时代意见”是无论如何都避免不了的，但我们读钱穆先生的书，就知道，他是偏重于“历史意见”的。而本书写作，则以“历史意见”和“时代意见”并重，这不仅仅因为有“一切历史都是当代史”这句话，更重要的是，对朱元璋这个曾经对中国历史上有过巨大影响的人物，以大历史的眼光和当代人的视角观照，说出我们的“时代意见”，其中全无讥诮和炫耀高明之意，而是着眼于现在和将来。试举一例，关于海禁，我们讨论这一历史事实，固然应该分析当时客观情势和海禁所发挥的一些现实作用，但它给后来中国长期闭关锁国政策所带来的负面影响，如果不结合今人对当时全球局势的了解，予以重新认识，无论如何是说不过去的。

努力避免情感的渗入。在中国历史上，在帝王行列中，朱元璋是一个毁誉不一的人物，几乎到了褒者扬之升天，贬者抑之入地的程度。为什么会有这样的天差地别？很重要的一个因素，就是论史者不同的境遇、立场和诉求，对这个历史人物寄托了迥异的情感，或者引发了一些不同的联想。而我则努力避免这一点，只是把朱元璋当作一个冷静观察的客体，史料是怎样记载的，我自己想到了什么，无论好坏都心平气和地摆出来。自然，人的眼力有优有劣，看走眼的地方是难免的，欢迎读者批评。

第一章

成功的为什么是朱元璋？

第一节　草莽中崛起的枭雄

著名史学家孟森先生说过，中国历代帝王中，只有汉高祖刘邦和明太祖朱元璋“得位最正”。为什么要这么说呢？因为这两人出身微贱，非豪门世家，起事之初都没有任何凭借。而这两人，要比“没有凭借”这一点，朱元璋无疑要过硬得多。刘邦大小是一个亭长，家中还有几亩良田，朱元璋则到了靠做游方僧人、当乞丐来填饱肚子的地步，是货真价实崛起于草莽的一代枭雄。

最初，朱元璋在元末大乱中加入红巾军之一——郭子兴的部队，本来是乱世下混饭吃、谋自保，一种没有办法的办法，后来他当上了皇帝也并不讳言这一点。然而就是这一权宜之计，最终催生了一个新朝和新主。

朱元璋为什么能够崛起？和其同时的乱世英豪很多，为什么成功的偏偏是朱元璋？

神话很荒诞，天资是事实

朱元璋从投军自保，到独当一面，最后又在逐鹿群雄中脱颖而出，最先抢得“神器”，说他不是一个天才型的人物，我是不信的。

这种天赋，旧史家曾附会神异之说，竭力让人相信朱元璋荣登大宝是天命所归，后来的人们，因为不信天命之说，则又完全否定朱元璋的天纵之才。在我看来，两者都失之于偏。

朱元璋小时候替人牧牛的一则故事已经证明了其天分。据《龙兴慈记》记载：有一天，朱元璋和几个同村伙伴到山里放牛，遇上雷雨，避雨闲谈中，大家都称肚饥，感叹没有好东西吃，朱元璋说我们面前这么多牛，为什么不杀它一头解解馋呢？说干就干，一头小牛很快就被他们烤熟吃光了，美餐之后才感到后怕，朱元璋出主意说，我们把牛骨、牛皮和血迹都弄干净，把牛尾巴插进一条石头缝里，就说是小牛受惊掉进裂缝里了，田主能把我们怎样？回去后这般编说的朱元璋虽然挨了一顿打，可是田主也只好自认倒霉。这个故事不见于他书，是否属实有待考证，但朱元璋在这个故事中表现出来的性格却和成年后的他绝无二致。如果属实，则朱元璋的智商和情商在幼年时就已显示出高人一头：在别人意想不到处能拿出办法，这是智商；一旦事情不妙，也勇于面对，有魄力，能担当，这是情商。

朱元璋投入到郭子兴军中，从最低级的步卒开始做起，一步步升迁，逐渐进入主帅郭子兴视野，直到妻之以义女（后来的马皇后），其中没有一点侥幸成事的成分，而是要以乱世中实实在在的军功和智略来奠定其地位的。自然，朱元璋之所以能够在郭子兴军中鹤立鸡群，也还要依靠“鸡”的“衬托”。起初郭子兴的手下将领并不服他，一起开会议事，都抢着坐正位，朱元璋有意后至，坐于末席，可是等到商讨公事的时候，那些昂昂然坐在正位的人，却变成了木偶，只有朱元璋“剖决如流，咸得其宜”，于是“众心稍屈服”。

这里就有了一个问题，那些趁着天下大乱起兵造反的人，因为不学无术，只懂劫掠不知大计，没啥稀奇，同样没有读过书的朱元璋为什么能够高人一头？这与他长期流浪所培养的深厚阅历有关，虽然不知书却人情练达世故洞明，但毫无疑问，对每一个流浪儿来说，这种底层漂泊的经历不一定都能变成宝贵的财富，这里当然是有某种先天的东西在的。

策略最重要

除了天分，策略得当，是朱元璋终能成功的关键的要素。

讲到策略，第一要说到收服人心。“得人心者得天下”，中国自古以来窥伺神器的人都对这句话耳熟能详，然而虽然熟悉，临到自己行事时，许多人却常常忍不住把它抛在一边，原因就在于面对眼前的现实的利诱，不能克制自己的欲望。朱元璋的高明就在于懂得区分眼前利益和长远利益，更懂得为了长远利益而克制自己的欲望。为了收服人心，朱元璋做了两项工作，首先是笼络读书人，也就是所谓礼贤下士，不论是隐居的，还是下野的元朝旧吏，也不论是真有才干，还是仅拥虚名，朱元璋都要访求，都要加以礼遇，并听取其谏言。在当日读书人拥有广泛资源和深厚人脉的社会，朱元璋的这一动作不仅具有强大的暗示作用，能安定一地之人心，而且更因网罗了像刘基、朱升这样的奇才异士，等于建立了一支其他群雄无法比拟的强大智囊团。其次是朱元璋能够较好地约束军纪，收服人心。关于这一点，因为史料所载不尽相同，史家们一直有歧见。明朝官修的资料，如《太祖实录》等自然是竭力宣传朱的部队是仁义之师，朱元璋登基后也夸口说，他的成功经验就是“不嗜杀人”，然而其劫掠的事实却留在了一些野史上。究其实，现在可以认为，朱元璋的部队在当时的形势下，要争战，要有供给，绝不可能真正做到秋毫无犯，完全没有劫夺民家财产和妇女、胡乱杀人的行为，但和其他部队相比，其军纪相对较好是毋庸置疑的。这没有什么可奇怪的，乱世之中老百姓的要求极低，别人杀人盈野，有的据史籍记载更有食人之举，而朱元璋只要稍加节制，就特别能够彰显其仁义，使天下之民望风归附。

朱元璋策略得当的第二点是，哪怕战术上偶有疏忽，战略层面上却几乎完美无缺。

先说“高筑墙，广积粮，缓称王”。这是安徽老儒朱升的献计，意思是要朱元璋在实力尚未笑傲群雄的情势下，先建立稳固的后方，确实保障后勤的供给，同时还要避免做出头椽子。试观后来朱元璋的一系列部署，无一不是依计而行，朱升乃名垂史册。但实际上，朱元璋对朱升的嘉许，正是因为这和他原来的思想如出一辙，他自己只不过未在朱升之前系统归纳罢了。早在尚蛰伏于郭子兴军中时，他就已经领略了“缓称王”，以避免树大招风，偷偷发展实力的妙处。郭子兴器小易盈，打下巴掌大一块地方，就想关门称王，几次都是在朱元璋苦谏下才作罢。而通过屯田，以解决军需，则早就是朱元璋的拿手好戏，他后来还曾以此自矜，说有了屯田政策，就可养兵百万，而不用民一钱。

逐步剪除群雄，这是朱元璋的夙愿，但究竟如何实施，孰急孰缓，则颇可思量，稍有不慎，小者实力和地盘受损，大者甚至会关系到自己的生死存亡。当时局势是，中原有元朝大军，实力还十分强大，却被红巾军所纠缠，一时无法把触角伸到朱元璋所在的江淮地区，对元朝势力，朱元璋采取的是虚与委蛇的态度，而在他自己所在的江淮地区，面对陈友谅和张士诚这两大劲敌，则无疑是你死我活，非出全力争胜不可。但究竟是先解决陈还是张，这是一个让人踌躇的难题。先解决张士诚有一大堆理由，比如张士诚盘踞在江浙，和朱元璋接壤，符合“远交近攻”这个通常的战理，又比如张士诚相对陈友谅实力稍逊，易于解决……但朱元璋最终选择的是先灭陈，再灭张。这是一个至关重要的决策，被实践证明是完全正确的。

在先解决张还是先解决陈的问题上，朱元璋为什么要违背常理？朱元璋即帝位后，曾与诸臣讨论过一个问题。他说：“友谅志骄，士诚器小，志骄则好生事，器小则无远图，故先攻友谅。鄱阳之役，士诚卒不能出姑苏一步以为之援。向使先攻士诚，浙西负固坚守，友谅必空国而来，吾腹背受敌矣。”所谓牵牛要牵牛鼻子，尽管有许多让人一时难以决断的因素的干扰，只要透过纷繁的表象抓住要害就够了。这个要害就是，朱元璋比谁都更了解他的这两大劲敌。陈友谅有争雄天下之心，又十分好斗，而张士诚则只图自保，所以，如果舍陈而攻张，凶悍的陈友谅绝不会甘于旁观，一定会倾城出动，使朱元璋陷入两线作战的绝境，如果先攻陈，在姑苏（苏州）苟且偷安的张士诚是不会冒险出击的。朱元璋看得很准。有人说这一决策为刘基所上，即使属实，朱元璋采纳之也表明他自己的头脑是非常清醒的。

朱元璋消灭陈、张两大劲敌后，在如何击破元都的问题上又面临着一次抉择。当时勇冠三军的常遇春主张挟连胜之威，挥师直捣元都北京，一战成功，被朱元璋所否决。因为他看到，从自己的根据地江淮到北京有漫长的距离，而听命于元朝的军队散布于陕西、河南等地，一旦攻北京坚城持久而不能下，势必敌援四集，自己进退两难。朱元璋制定的先取山东、河南、陕西，逐步撤除元都之屏蔽，然后从容兵临北京城下的进军路线，最为明智和稳妥。没读过多少书，但依靠阅历和军旅磨炼，朱元璋在军事上堪称名副其实的战略家，其征战生涯中几乎很少打败仗，原因就在于他目光远大，又能谋定而后动。

权术不能不讲

朱元璋策略得当的第三点是将权术运用发挥得淋漓尽致。

他是有雄才大略的人，却很注意韬晦。在下决心解决一个对手之前，他都会拉下架子周旋一番，对元军是这样，对陈友谅、张士诚和其他群雄都曾经示好，仿佛温情脉脉。

群雄逐鹿中，要使我长彼消，在拼命扩充自己实力的同时，就必须时刻不忘挖对手的墙脚。朱元璋就是挖对手墙脚的高手，他不但能使对手的属下转投自己，还能让他们感恩戴德地效死。这是需要高超的权术的。有两个事例非常具有代表性：一次战役后，俘获甚多，朱元璋择对方军中的骁勇者五百人置于麾下，这五百名壮士“疑惧不自安”，朱看出了这一点，于是到了晚上的时候，用这些人换下了自己原来的护卫，然后解甲酣寝达旦，这些人因此感激涕零地说：既不杀我，又以心腹待我，怎能不尽力图报？当时“酣寝”的朱元璋是否真的全无戒心，没有任何预防措施，史书失载，不过我是不太相信的。朱元璋和陈友谅在鄱阳湖上恶战，都有俘虏落在对方手上，陈友谅因为战事不顺，杀俘泄愤，而朱元璋则恰好相反，“悉还所俘，伤者傅以善药，且祭其亲戚诸将阵亡者”。而事实上，朱元璋并不是一个宽仁之辈，后来陈友谅死，他儿子陈理已经不成威胁，再有一千多陈军俘虏落到朱元璋手里，就是另一种待遇了：“每四人共用麻编头发，木桩钉于鹦鹉洲上，是夜雨雪，迨晓，死者过半。”

对敌人玩弄权术，对自己人也不例外。朱元璋驭将讲究恩威并用，常常是刚在大庭广众中被数落，后面的丰厚赏赐就接着来了。有一次，为了使众将畏法，他还与武将第一人徐达和文臣第一人李善长一起，演了一出双簧：故意找徐达的岔子，“欲置之死”，李善长在旁边拼命求情，朱元璋又假装恩免。在处理邵荣谋反的事上，朱元璋的表演更到位。邵荣是朱元璋的老乡，在朱元璋开始起兵的时候就跟随他，屡建奇功，现在据称有异志，处置当然不难，难的是不能让其他老部下兔死狐悲感到心寒。朱元璋是怎样做的呢？《明史·太祖本纪》中说：本来朱元璋是准备赦免邵荣的，可常遇春不干了，说人臣造反最有悖于大义，如果宽免他，我决不能与这样不讲大义的人“共生”，于是朱元璋“乃饮荣酒，流涕而戮之”。这样的好戏当然不是为即将消失的邵荣演的，而是演给手下将领们看的。众所周知，帝王最恨的是手下谋反，朱元璋更是如此，他称帝后，只要与此相关，哪怕是捕风捉影，也决不放过，动辄诛戮上万人是家常便饭，他怎么可能单给邵荣一条生路？

朱元璋的权术对稍知中国历史的人来说，仿佛都似曾相识，容易让人想起曹操、刘备。这不奇怪，虽然读书很少，但社会的土壤不变，一个头脑灵活，又有主宰天下雄心的人，完全可以无师自通地成为玩弄权术的高手。

机遇与抢抓机遇

在通向成功的道路上，除了天分和策略的得当，不能不说的还有，朱元璋的机遇也很好，而他又偏偏是个善于抓住机遇的人。

元末大乱，群雄并起，这是最大的机遇。小机遇就更多了。他最初在郭子兴军中，虽是义婿身份，但上面除了郭子兴，还有郭的儿子郭天叙，郭的内弟张天佑，又“数为郭氏所疑”，在这种身受多重掣肘的情势下，本来是难以建立自己的班底的。恰好郭子兴早死，又恰好不久之后郭天叙、张天佑都中了敌军的圈套，全部战死，于是朱元璋终于有了一支具备相当实力、完全属于他私人的武装。这是其事业的起点。朱元璋在鄱阳湖上战胜拥有巨舰、实力强大的陈友谅，也未尝全无运气成分，比如说战斗中恰好刮起了东北风，给原本畏惧巨舰的朱元璋军提供了火攻的良机等等。

论朱元璋的机遇，便不能不说到一个常被当代史家轻忽的人——

察罕帖木儿。元末群雄并起，眼看元朝统治朝不保夕，各路所谓“义军”也随之而起为元朝效命，其中原为北人、家住河南的察罕的部队最有战斗力。当时，察罕围剿红巾军，破汴梁，下山东，声威极盛，天下震动，朱元璋也不得不遣使通好，可是不久，大意的察罕却因只带轻骑，便前往降军阅兵，被刺身亡。察罕之死关系极大，《元史》上说当其死讯传来，元帝震悼，“朝廷公卿及四方之人，不问男女老幼，无不恸哭者”。元王朝的擎天一柱轰然倒塌，还有非常要命的后遗症，这就是在察罕身后，已无人有足够的威望号令元朝各部，各方自相残杀互不相让，都无暇他顾。对此，元朝君臣的悲戚和绝望可以想见，而对朱元璋来说，则是充分利好，所以他一接到这个消息，就叹了一声“天下无人矣！”原来准备向元朝输诚的他，这时对元朝授予的官职也不接受了，还杀了其中一个使臣。

察罕一身系天下之重，这并不夸张，明清之际的著名学者钱谦益看得非常清楚，他在《国初群雄事略》中说：“吾以为察罕一死，天意灼然归我明矣。”的确是这样，察罕一死给朱元璋提供了千载难逢的机遇，从那一声感叹中可以看出，也就是从这时候起，他才有了争雄天下之心。

第二节　元末三雄的大结局

元末群雄并起，多股力量逐鹿中原，其中最杰出者，除了朱元璋，就是陈友谅和张士诚。最后如愿夺得神器的为什么是朱元璋？

前文说过，朱元璋有超越一般人的资质，策略运用得当，偏偏又得机缘眷顾，可这些都还只能说明，朱元璋为什么能够成功，而不能说明，和他并起的群雄，特别是一度齐名的陈友谅、张士诚，为什么却不能成功？

陈友谅、张士诚和朱元璋一样，也非豪门世族，陈原是一“渔家子”，张贩盐出身。而在事业的初起阶段，这二人显然要比朱元璋顺利。朱元璋还需要在郭子兴帐下做小伏低、百般隐忍的时候，张士诚已经称王，并有了自己的根据地。陈友谅的上面虽然还有一个徐寿辉，但徐寿辉这人虽然相貌堂堂，却虚有其表，听任手下各将纵恣，自己不过徒拥虚名，所以陈友谅的部队名义上听从徐寿辉，实为他的私人武装。

陈友谅、张士诚的起点都比朱元璋高，最后却在抢夺神器的赛跑中，听任朱元璋率先“撞线”，这是由很多因素决定的。比如说机遇，除了大的机遇，像元末大乱的客观情势、察罕帖木儿之死提供的巨大舞台等，这三个人都差不多，而小机遇，像陈友谅在鄱阳湖上偏偏遇上东北风，给朱元璋提供了火攻的良机等，陈、张二人的运气的确要比朱元璋差了一些。然而，机遇显然不是最重要的，决定三人之成败的，根本在于他们的才能和策略。如果说这三个从乱世中崛起的豪强，在个人才能上不太可能差距过大的话，那么从史实看，陈、张的策略运用则无疑要比朱元璋逊色多了。

渔家子陈友谅

明朝的史学家高岱拿陈友谅与楚霸王项羽比，称赞说："友谅之勇略，虽或未及项羽，而剽性狡悍，出没飘忽，大困而不馁，屡踬而复振，……败衄之后，旬日之间，而能陷城摧敌，其能开拓封疆，奄有荆楚，亦一时之雄也。"高岱惊叹陈氏为什么常在失败之后，马上又能攒积实力，"陷城摧敌"。其实这正是此人的特点：坚毅果敢，不为一时胜负而夺气，也许你正在为刚刚挫其凶锋而沾沾自喜的时候，这家伙又卷土重来了，而且愈挫愈勇，有些像清末的曾国藩，善于"扎硬寨，打死仗"，而豪气一来，自以为看准了，敢把所有的赌注都押上。

单纯从军事的角度，陈友谅完全可以称得上一个出色的战术家。这样的人，当一个方面军的统帅，冲锋陷阵，斩将夺旗，是绰绰有余的。然而现实的问题是，他要的不仅仅是一场两场的战役胜利，而是要削平群雄一统天下。这不仅需要打仗，更需要综合的较量。而在战略和决策上，与朱元璋相较，陈友谅差之甚远。

陈友谅的一大失策是弑旧主徐寿辉而自立。前面说过，徐寿辉名为陈的主人，实则徒拥虚声，陈友谅在以徐寿辉为号召的这一系部队中，实力又最为强大，更重要的是，徐寿辉还在他严密掌控之中，他完全可以学曹操的“挟天子以令诸侯”，借助徐寿辉的名义号令其他各将，去经营自己的事业。可是，我们看到，陈友谅太不懂韬晦的妙用，太注重一个虚名，仿佛是急不可耐般，匆匆杀死徐寿辉，又匆匆登位。我们看他杀徐之轻而易举手到擒来，就可以知道，徐寿辉实在只是他手中的一具傀儡，有这样一个傀儡，在其削平群雄前，对他来说，不会有任何威胁，只会有说不尽的好处。陈友谅的匆匆弑主，带来了很多恶果。第一，各路群雄崛起于乱世，虽意在逐鹿，但都还要打一些除暴安民的旗号，现在以下犯上，在儒家伦理根深蒂固的社会，明显陷自己于道义有亏的窘境；第二，原为徐寿辉系统的几支部队，现在因缺乏一个“共主”，转而分崩离析。有一定实力、原本对陈友谅又未必买账的将领，都借这个机会，名正言顺地把自己的杆子拉了出去。陈友谅的匆匆弑主，可谓图虚名而招实祸，与朱元璋的长期隐忍相比，失策多矣。

陈友谅打仗是一把好手，却几乎没有什么驭将之术，其手下没有涌现出多少能够独当一面、有勇有谋的大将。加之他自己曾杀旧主而代，骨子里可能害怕手下效仿，对部将往往疑而不能用，双刀赵普胜凶悍善战，是他帐下难得的猛将，却经不住朱元璋一个小小的离间计，就被陈友谅诱杀了。

军事上的一些局部成功，又滋长了陈友谅骄傲轻敌的情绪。当朱元璋离开自己的大本营金陵（今南京），亲率主力大军去安丰（今安徽寿县）征战的时候，陈友谅认定这是他夺回主动权的良机，空国而来扑向朱元璋的防区。这本来是正确的，可他却策略失误，不顺流直捣空虚的金陵，却屯大兵于南昌城下，拼命攻坚。后来打了胜仗的朱元璋也不无困惑地说："使陈友谅乘我之出，直捣金陵，我进无所成，退无所归。友谅不攻建康而围南昌，此计之下者也。"金陵空虚，便于夺取，又是朱元璋的老巢，一旦攻占意义非凡，窃以为陈友谅绝不会连这一点都看不到，根源实在于轻敌。南昌城在其数倍优势的重兵围困之下，居然能够硬扛长达两个多月之久，直到朱元璋的援兵赶来，这是陈友谅完全没有想到的。我们看陈友谅的战前部署，他意在先取南昌再顺流直下金陵的战略是很清楚的，他只是没有料到南昌一战会使他深陷其中，不能自拔，直至最后败灭。孙子兵法上说："兵者，国之大事，死生之地，存亡之道，不可不察也。"既是打仗，就不能全图侥幸，而必须考虑自己的预定计划一旦不能成功如何善后的问题，而陈友谅的这次出兵却犯了大忌，他率领的是自己几乎全部的家当，而且把百官家属也带上了，甚至也没有准备阻援和打援，完全是孤注一掷，希望毕其功于一役的豪赌式的战法。

陈友谅在鄱阳湖上与朱元璋相持，胜负还未明的时候，即有不少部下叛逃，传令属下救援也毫无反应，这就是他不善于驭将的恶果。不亡何待?《明史》说陈友谅落到这一困境的原因是"好以权术驭下"，实为奇怪可笑之论。真正能以权术驭下的是朱元璋，他不是胜利者吗?

盐贩子张士诚

如果说与朱元璋相比，陈友谅输在策略上，那么，张士诚则输在眼光和志向上。

陈友谅非要和朱元璋拼个你死我活，就是因为他知道，这样的局面不以自己的意志为转移，是迟早要来的。而张士诚仿佛见不及此，总是寄希望于一时之苟安。

张士诚占据的是江浙一带，自南宋后就是富庶之区。这里的纸醉金迷似乎消磨了他的全部斗志，他更像一个发了小财的富家翁，满足于关起门来享福，除非别人硬要破门而入，要来攫夺他的财富，否则他是两耳不闻窗外事的。当朱元璋势力和雄心双双膨胀，触角渐渐向张士诚的“禁脔”伸过来的时候，他居然奢望，能够靠纳币输诚去换得和平，这完全是土财主而非乱世豪强的思维方式。看来他对天下大势全不了然，以为群雄割据的局面能够长久维系，以为只要这种局面能够长久维系，他就还能守着一块不大不小的地盘做富家翁，殊不知分久必合乃古之常理，而在这种常理中，你不去主动消灭别人，就只有等到别人来消灭你。

因为眼光如豆，因为满足于苟且偷安，所以张士诚不但没有积极进取的雄心，反而在机遇寻上门的时候，犯下了致命的失误。陈友谅大举进攻朱元璋，事先和张士诚有联盟共举、夹攻朱元璋的协定，可是，直至陈友谅身死国灭，张士诚都未能出苏州城一步。本来如果站在张士诚的角度，面对两雄相争，自己在初期徘徊观望并非全无道理，但双方在旷日持久的鏖战中，均已消耗巨大实力，尤其是在一方已占先机的情况下，你这第三方还不出击，还不对风雨飘摇的另一方施以援手，那就注定只会有一个结果：胜者经过消化，积聚了更强大的力量，再来为你送终。

和陈友谅一样，张士诚的用人也是很不得法的。在事业刚刚有了一定基础的时候，他就委政于其弟张士信，而这个弟弟又很不争气，进用的要么是不知大计的迂阔书生，要么是贪渎之辈，史称“士诚亡国，亡于其弟士信，又亡于聚敛臣”。而张士诚自己呢，则深居宫中享乐去了。在这种局面下，张氏的将帅也上行下效，以富贵行乐为要务，一到打仗的时候，就推说有病，非厚赐官爵田宅不出兵。出兵是准备打仗的，而这些将官老爷，还把婢妾乐器都带到了前线，战斗力如何还用得着问吗？在群雄逐鹿的关键时刻，张士诚“深居于内，败一军不知，失一地不闻，纵知亦不问”，就这样“上下嬉娱，以至于亡”。

朱元璋曾经分析过张士诚亡国的原因，感慨地说：“我诸事无不经心，法不轻恕，尚且人瞒我。张九四（张士诚的小名）终岁不出门，不理政事，岂不着人瞒？”此话颇有道理。

毫无疑问，如果用争天下的能力这个标杆来衡量，朱元璋是大大强于陈友谅和张士诚的，然而这里有一个耐人寻味的问题：如果评价优劣的是普通百姓，他们不懂套用什么高深的理论，只是完全以形而下的切身感受为依据，是否还会不假思索地同意这个答案呢？

陈友谅凶暴，姑且不论，这里只说张士诚。

“成王败寇”，自古为然，近代又有名言曰“历史是由胜利者书写的”，所以，权力角斗场上的失败者，向来是一副滑稽可笑的面目。但如果能向历史的细微处稍作探寻，则“败寇”们也常常会有一点可爱的地方。据明人陆容的《菽园杂记》记载，朱元璋削平群雄荣登帝位后，一次微服私访，碰到一个苏州老妇，有意提起张士诚，没想到老妇居然称念不已，这让朱皇帝大为羞愤，悻悻地对臣下说：真不知道张士诚对吴人究竟有何功德！

清人袁景澜所著的《吴郡岁华纪丽》中，提到吴人于七月三十日“点地灯”的一种风俗，说这一天系张士诚的生日，“点地灯”实际上就是祭吊他的。张士诚究竟对吴人有何功德，以致吴人如此怀念他？

从史籍上看，张士诚在其辖区实行的是比较宽厚的政策。首先从这一政策里得到实惠的是江南的文人。张士诚虽然是盐贩子出身，却不知是真爱文人还是附庸风雅，对文人相当优容，投奔他的绝不会空手而归。即使是拒绝与他合作的，如元末文豪杨维祯，不但不理其征召，还写信斥责他，张士诚也置之不问。在文人眼里，元末乱世中被张士诚占据的江浙地带简直就是可以让他们末路狂欢的一处世外桃源。除了江南文士，其次得到实惠的当然是百姓。乱世之中人们要求极低，对张士诚治下的百姓来说，只要张士诚能够保境安民，赋税稍轻一点，简直就是太平盛世。而张士诚显然是做到了这一点的。朱元璋的大军猛攻苏州，民风向来被指为柔弱的苏州人，居然抵挡了近一年之久，当时，“城中木石俱尽，甚至拆祠庙、民居为炮具”，向攻城者投掷，其中未必不能透露一点信息。

吴人怀念张士诚，还是对朱元璋高压政策的一种隐性的反抗。苏州城破，朱元璋为了彻底动摇张士诚政权的统治根基，将大批富民强制性地迁移到外地，又对江浙地区实行一种歧视性的经济和文化政策，绮丽的苏州不可思议地走向了衰败。虽然朱元璋的主要矛头是针对富人和豪强，但一个民生凋敝的城市，对任何一个阶层而言都不会是一块乐土。吴中百姓在盘剥之下，纷纷逃离故园，明初著名诗人高启在他的诗文中有很多触目惊心的记载，有一首题为《江上见逃民家》的五绝是这么写的：

清时无虐政，何事竟抛家？
邻叟收饥犬，途人折好花。
林空烟不起，门掩日将斜。
四海今安在，归来早种麻。

“林空烟不起，门掩日将斜”，这还是自南宋以后就逐渐成为中国经济和文化中心的江南吗？诗人首句“何事竟抛家”仿佛有些明知故问，而“清时无虐政”更是辛辣的讽刺！

在这样一种生活状态下，吴人偶尔怀念一下那个窝囊的“败寇”张士诚，难道不是一种势所必至、理有固然？

朱元璋消灭张士诚，苏州归到了他的治下，今人会很轻松地说“推动了历史前进”云云，但置身于历史现场的苏州百姓持何观感？我们今天评价历史人物的时候，对像那个老妇这样的普通百姓的感受，也许不应再完全忽略了。

吴人怀念“败寇”张士诚，不能不让我们慨叹一句：中国老百姓的愿望真的是太容易满足了啊。

第三节　小明王：乱世中的超级玩偶

小明王，就是在元末最初拉起造反大旗的韩山童的儿子韩林儿。

朱元璋消灭了最大的劲敌陈友谅，张士诚的苏州又围困重重、指日可下的时候，发生了史籍中记载的“小明王被弑疑案”。

在这个疑案中，小明王被谁所杀当然是一个要害，但除此之外，朱元璋和小明王的关系如何、小明王是否没有活的理由、小明王之死反映出什么样的政治文化逻辑，却也是今人读明史万万不可忽略的问题。

小明王的“玩偶”生涯

当初，韩山童揭竿而起的时候，他的智囊刘福通对外宣传说，韩山童是宋徽宗八世孙，蒙古人夺走了宋朝的江山，又多行不义，按天命，现在该韩山童这个宋宗室的后裔重坐龙庭了。那个时候元朝政府的反应效率还不差，韩山童很快被官军所捕杀，韩林儿和他的母亲杨氏却侥幸逃脱，在山中躲藏了起来。后来造元朝反的人渐多，刘福通也咸鱼翻身，居然拉起了一支十余万人的队伍。刘福通为了号召部众，找到了韩林儿，将其迎至安徽亳州，拥韩林儿称帝，建国号曰“宋”，改元“龙凤”，又称小明王。

朱元璋与小明王有什么关系？

原来，在所谓韩宋政权里，虽然照例是谁有兵权谁做主，但小明王系宋宗室后裔的名声到底在外传播已久，在人们不满蒙元异族统治的情况下，颇具凝聚人心的妙用，所以，各大军头还是愿意拥戴他的。而且成本小得出奇，只要养着他，让他好吃好喝，自己该干什么又不受他限制，岂非一石多鸟？

以小明王为号召的红巾军一度声势极盛，几乎所有造反武装都自称隶属于红巾军系列，朱元璋最早效命的郭子兴的部队也不例外。而红巾军的主力更是席卷大半个中国，使元军疲于奔命。正是因为有红巾军的存在，元朝大军应对不暇，朱元璋得以悄悄在江淮地区发展实力，逐步坐大。史家曰“元之不能以匹马、只轮临江左者，以有宋为捍蔽也”，俗话说“大树底下好乘凉”，讲的就是这个道理。

因为郭子兴的部队隶属于韩宋政权，所以，从名义上讲，朱元璋要算是小明王的臣下。可是，朱元璋登基后，却偏要讳饰这一层关系，不惜在史籍中造假。如郭子兴死，韩宋政权给郭子兴的儿子郭天叙、郭子兴的妻弟张天佑和朱元璋三人授爵，《太祖实录》中记载，朱元璋对韩宋授爵不满，说“大丈夫宁能受制于人耶？”研究明史的专家王崇武先生认为，这是“史臣增饰之笔也”。王先生为什么这样断定？很简单，朱元璋是个智商很高的人，他对红巾军和小明王的妙用，比谁都心知肚明。

由于非常清楚韩宋政权和小明王对自己的作用，当张士诚的部队围困小明王所居的安丰时，朱元璋不惜“亲援之”，当时军师刘基认为切不可行，说：假使救出来，如何安置？朱元璋称“安丰破则士诚益强”，还是亲自带兵将小明王救了出来。我以为，朱元璋在这里只说了一半真话。他的确怕张士诚攻破了一个城池，势力更盛，但他尤其忧虑小明王落在张士诚手里，从此能够“挟天子以令诸侯”。刘基自然不会看不到这一层，他担心的是，小明王既已有帝王的名号，如果弄到自己手里，如何安置他，才既不会使朱元璋受掣肘，又不给外界非议的口实？刘基号称足智多谋，但到底是书生，只要先把小明王控制在自己手里，再随情势的变化处置他，不是一件非常容易的事吗？

如何处置小明王，于朱元璋来说果然不是一件困难的事。大敌陈友谅已死，苏州城指日可下，朱元璋霸业可期，所谓“此一时彼一时也”，此时的小明王对朱元璋的价值显然已趋近于零。原来把小明王放在滁州，朱元璋突然命大将廖永忠迎归南京，船走到江苏一个叫瓜步的地方，船翻了，小明王“沉于江”。小明王之死，是否出于朱元璋授意，《明史》和其他史籍闪烁其词。朱元璋即帝位后的第八年，廖永忠被赐死，《明史》又说，原因之一，在于朱元璋对廖永忠当初的私弑小明王不满。

读史真是一件好玩的事儿。对中国历史稍有了解的人都明白，除非朱元璋准备把即将到手的帝位让给小明王，否则小明王不明不白地从这个世界上消失，就是一件迟早要发生的事，可笑修史者还拿一些子虚乌有的东西来忽悠我们。

皇帝是不能要挟的

廖永忠，这是“小明王被弑疑案”中另一个重要人物。

廖永忠，安徽巢州（相当于今之巢湖市）人，他和其兄廖永安都是朱元璋水军中的灵魂人物。廖永安在征讨张士诚时阵亡，廖永忠遂成为水师统帅。朱元璋和陈友谅于鄱阳湖上作生死决战，廖永忠立有殊功，朱元璋非常高兴，称赞他“忘躯拒敌，可谓奇男子”，亲书“功超群将，智迈雄师”八个大字，制成匾额，挂在廖永忠宅第大门上，以示嘉奖。明朝建国后，廖永忠封侯。

可是这个“奇男子”和朱元璋的众多勋臣一样，仍然没有逃脱无法善终的宿命。

关于廖永忠之死，《明史》有如下的记载：廖永忠虽战功很大，但朱元璋对他私弑小明王很不满，故在大赏功臣时，对诸将说：“永忠战陈友谅时表现极为神勇，理应封公，但他却揣度我，想以弑小明王而邀功，所以他只能封侯而不能封公。”后来朱元璋用杨宪为宰相，不久又以“排陷大臣，放肆为奸”的罪名将其诛除，牵连多人被杀，廖永忠也有和杨宪同党的嫌疑，但以“功大得免”。又拖延到了洪武八年（1375）三月，廖永忠终因“僭用龙凤诸不法事，赐死”。

廖永忠为什么会被赐死？

读上述《明史》的记载，真只能让人越读越糊涂。杨宪的被杀，本来就是权力斗争的产物，杨宪其人并无可杀之罪，廖永忠即使和他走得亲近一些，也是非常自然的，除非你希望手下文武大臣都如仇人一般。所谓“僭用龙凤诸不法事”也是语焉不详。廖永忠究竟有哪些不法之事？“僭用龙凤”，无非是指生活家居上不太谨慎，用了龙凤等本属帝王专享的图案等，但从常理讲，朱明王朝的开国功臣虽多不文，其门下尚多宾客，不会连这点都不注意。而且纵使真有偶尔误用之事，以廖永忠的功勋，也不至于就赐死吧？读者须知，用“僭用龙凤”这条罪名加之于功臣，是朱元璋的老谱，后来蓝玉得罪，其中有一条罪名也是“僭用龙凤”，这就不能不让人奇怪：难道明朝这些功臣们这么喜欢过干瘾，宁愿冒着杀头的威胁，也要“僭用龙凤”满足一下虚荣心？

显而易见，说廖永忠的惹祸，是因为与杨宪走得太近，或曰“僭用龙凤”，都属于不折不扣的“欲加之罪，何患无辞”。

现在，我们的目光不得不投到廖永忠和小明王的身上去。

按正史的说法，朱元璋是对廖永忠弑小明王非常不满的，以至于连廖永忠唾手可得的公爵也飞走了。那么且让我们试着分析一下，在廖永忠弑小明王这件事情上，朱元璋究竟会不会不满。

廖永忠杀死小明王，无非是两种情况：一是出自朱元璋的授意；二是他自己拿的主意。如果是第一种情况，自然不存在朱元璋不满一说。如果是第二种情况，朱元璋会不会不满呢？答案是：不会。

对皇帝宝座伸手可及的朱元璋来说，按他的意思，不论怎样处理小明王，当然都是一件极其简单的事情。可是，从道义上讲，却又并不容易，甚至相当麻烦了。这么多年，朱元璋一直打的是韩宋的旗号，即使是在打败陈友谅后称吴王，使用的仍是韩宋的年号，发布命令，也还要把“皇帝令旨”放在“吴王令旨”的前面，这可都是人所共见人所共知的事实啊。现在突然把脸一抹，不认这个旧主子了，要把他杀掉，以朱的实力，别人自然也拿他没辙，但这里有一个前提条件，这就是除非朱元璋不把仁义道德挂在嘴边上，不准备宣称以忠和孝来治理天下。如果他希望让外界得到一个印象，得天下是天命所归，是名正言顺的正取而非逆取，所行的是王道而非霸道，那么他在处理这样一个“跛鸭”式的旧主子时，就不能不谨慎一些。朱元璋显然是渴望天下人都把他当作一个吊民伐罪、天命所归的英主的，而他处理小明王的棘手处也正在这里。

但这个不算小的麻烦，随着一艘船的覆没，瞬间就无影无踪了。试问，朱元璋对消除这个麻烦的人，怎么可能不满呢？

除了擅长打仗，还很会来事儿的廖永忠，摸准了朱元璋既想让小明王消失，又不想自己担责的心思，于是凿船将小明王永远沉埋于江中，自己把“不义”“弑主”的恶名背了起来，对此不论朱元璋表面作何宣示，他内心的喜悦是稍有常识的人都想象得到的。

然而，朱元璋对廖永忠私弑小明王高兴，但并不等于他对廖永忠就完全没有不满。廖永忠究竟做了什么，会让朱元璋不痛快，以致招来杀身之祸？我很佩服一位论者的灼见。他说：“永忠之死，乃由沉舟之功自挟，非以沉舟之罪见诛。”这位论者的意思是，廖永忠摸准了朱元璋的心思，替他办理了一件棘手的事，本来是很好的，可如果你以此为邀功的条件，就太不对主子的脾胃了，一国之主，岂是你能够随便要挟的？

众所周知，朱元璋称帝后诛杀了大量功臣宿将。这中间，廖永忠不是一个特别引人注意的人物，因为他的功勋既不能和宰相李善长比，其殒命又不如蓝玉一案株连那么深广。可是从这样一个人物的命运中，我们不是仍然能够读出一些很有意思的蕴含吗？

超级玩偶的幸运与悲哀

当年水中健儿廖永忠去迎接“皇帝”小明王的时候，不知道小明王可有什么不祥的预感？

史书失载。这个曾经贵为“皇帝”的人，他的面目从来都是模糊的。我们现在只知道，他死的时候还十分年轻，其他的一切一切几乎都归入了虚空。

我在读《明史》上记载小明王最后归宿的那三个字“沉于江”的时候，因为史料的限制，常常喜欢跑思想的野马：这个年轻人，当初被人捧上至尊之位，接受那些豪强的参拜，曾经有过怎样的表示？他住在深宫里，坐享无边荣华富贵的时候，究竟想了些什么，有没有一点忧惧？

在兵荒马乱之中，做人做到小明王这份儿上，天天吃喝玩乐，以他名义发出的“圣旨”到处传布，似乎是太幸运了。然而不幸的是，从这个年轻人被当作宋宗室后裔抬出之日起，他就注定要为短暂而虚假的风光付出生命的代价。乱世里，做谁都不知的一个小老百姓，也许尚可草间偷活，可要是一旦被人发掘出了某种奇异的“价值”，而发掘这种价值的又偏偏是英雄豪杰，就意味着，你的命运已掌握在了别人的手上。

没有必要单单痛骂朱元璋的心狠手辣，这样的痛骂一点意义也没有。如果不是朱元璋，而是那个被一些史学家捧上天、操控小明王最久的“农民起义领袖”刘福通，其最终“起义”成功，小明王的结局是否会有实质性改变？不会的。史载，当小明王还在刘福通手里的时候，刘福通“自为丞相，加太保，事权一归福通”，“林儿本起盗贼，无大志，又听命福通，徒拥虚名”，对韩宋政权里的大臣，刘福通也是想用谁就用谁，想杀谁就杀谁。易言之，小明王在刘福通还是在朱元璋手里，对小明王本人来说，区别甚微。

表面尊贵的小明王，实际上就是一个被他人圈养、操纵的“超级玩偶”。像这样的超级玩偶，在中国历史上，小明王肯定不是第一个。

我们讨论小明王的时候，最容易想到另外一个超级玩偶，那就是被曹操“挟天子以令诸侯”的汉献帝。

汉献帝刘协最早也不是皇帝，也没有想到要当皇帝，可在乱世中和皇帝出逃，偏偏碰上以救驾名义前来的军阀董卓，被董卓相中，被抬到了皇帝的宝座上，但大政都为董卓所控制。董卓死，新起的实力派曹操迎汉献帝北上，迁都许昌，从此刘协又成为曹家的傀儡。

不过，与小明王不同，汉献帝是个并不甘心做玩偶、不乏才识和魄力的人，他面对被操纵的命运多次奋力抗争，可惜没有实力的支撑，其抗争均告失败，而且每一次失败都牵累他最亲信的人丢掉了性命，怀有其骨血的董贵人被曹操所杀，他以贵人有孕在身为由请求宽免仍无济于事，最后连他的伏皇后也未能幸免。当伏皇后被曹操派去的尚书令华歆从宫中搜出牵走时，曾哭着求献帝救救她，刘协只能说一句话，“我亦不知命在何时！”

汉献帝与小明王的另外一个不同，就是他虽然最终被曹操之子曹丕赶下了台，但好歹活到了 54 岁，算是善终。曹丕在演了一出“禅让”的好戏，登上帝位后，封逊帝刘协为山阳公，特意对刘协说：“天下之珍，吾与山阳共之。”虽然不知道，曹丕面对“天下之珍”，是否真的曾与让位的刘协共之，但这句秀给世人看的话还算是给刘协留了一点面子。

从汉代的超级玩偶到元末的超级玩偶，小明王已经注定无法再享受到刘协那样能够得到善终的命运了，这是我们纵观历史就可以看得清清楚楚的。曹魏政权最后落在司马氏掌中，曹魏第四位君王曹髦愤愤然地说“司马昭之心，路人皆知”，带了几个随从出宫讨贼，结果被轻而易举地杀掉；但随后建立晋朝的司马氏，其最后一个帝王，在被他人圈养的玩偶生涯中，也未能逃脱被杀的命运：大将刘裕掌握晋政，先废晋恭帝为零陵王，第二年又派人将其杀死。史书记载，晋恭帝被废后，唯恐有人在饭菜中下毒，天天自己和妃子在床前煮饭吃，在绝境之中，超级玩偶的智慧，仅能想到这一点，真令人慨叹！

为什么历史越往后发展，超级玩偶的价值一旦利用殆尽，就必须从世界上消失呢？我不太相信如果他们不死，就真的能够给已占据所有要津的英雄豪杰们多少实在的威胁。试想一下，一个人天天都为吃饭的安全而惴惴不安了，可还有余心余力翻江倒海？更何况像小明王这样没读过书没见过什么世面，只知吃喝享受的小孩子！

超级玩偶之所以必须在价值榨取完后消失，说到底，是中国权术政治越来越败坏的一个标志。

这种败坏，首先是从人心之坏开始的。南朝齐时的萧衍废齐帝，初尚不欲杀之，在文学史上颇著声名的沈约劝诱萧衍，“不可慕虚名而受实祸”，萧衍遂心安理得地将废帝杀死。

“不可慕虚名而受实祸”，沈约此言放到传统政治文化中考察，堪称经典！为了躲避所谓的“实祸”，哪怕这种实祸多么微乎其微，甚至也许只是你臆想中的，不太可能发生的，只要你能消除，就要彻底将其消除干净！仿佛这样才能睡得踏实，吃得安心。或许，眼前的实祸是不见了，但暴力和血腥却代代相传不绝如缕，就拿那个听信沈约，不愿因虚名而受实祸的萧衍来说吧，他灭齐后建立梁朝，其后代、梁朝最后一代君主梁敬帝，又被手下大将陈霸先先废后杀，陈霸先所采用的手法，和萧衍如出一辙！如此种种，岂是一句“报应不爽”能够解释的？

小明王，这样一个凡庸的年轻人，本来是没有资格进入历史的，却因缘际会，被人发掘了他奇异的价值，最终成为我们今日论史不宜忽略的人物。但毫无疑问，这并不是他的幸运，毋宁说，还是一个不能掌控自己命运的玩偶的悲哀。

朱元璋消灭了陈友谅和张士诚，廖永忠又“替”他杀死了小明王，其通向权力顶峰的路，已依稀可见。后面虽然还有北上攻破元都等史实，不过是余波而已。

第四节　玩权力平衡木的大师

王朝之轮替，从某种程度上讲，就是旧贵族的式微和新贵族的崛起。

旧贵族的式微，在秦亡后那个靠种瓜为生、以瓜美出名的东陵侯邵平身上，表现得淋漓尽致；新贵族的气焰，则不妨看看汉文帝在政变中即位时的一场好戏，前废帝眼看昔日臣子载着自己出宫，不禁怯生生地问“这是带我到哪儿去啊？”此人曰：“出就舍”。司马迁的用字何其精省！千载之下，我们犹能想见那位新贵面对旧主时的不耐：问什么啊，另外找个地方给你住就是了。……

朱元璋推翻蒙元，建立朱明王朝，埋葬了一批旧贵族，同时在战乱的废墟中，又有一批新贵应运而生。而在新贵行列中，最引人注目的，是明太祖的乡党——跟随朱元璋打天下的淮西籍人士。

乡党：朱元璋的“基本盘”

中国乡村，如社会学者所说，是一个“熟人社会”，熟人意味着资源，意味着一股可供利用的力量。所以，老辈人常常语重心长地总结人生经验，其中之一就是“熟人是宝”。

熟人的作用，体现得最为充分的，常常不在闾巷这些小圈子之内，而是在一个全然陌生的环境里。在这样一个环境中，因为有着不同的方言，迥异的习俗，不能不让人在一种相互戒备的氛围里，产生一种迷茫。而一个熟人的到来，甚至也许只是一句熟悉的粗话，也会给人一种安全感。

战乱中尤其如此。兵荒马乱，民不聊生，大家伙儿都是在一种自保本能的驱使下，临时组成了一个团体。“明知不是伴，事急且相随”，没有人会在这个拼凑的组织中获得多么稳定的安全感，只不过，凭本能和直觉，他们知道，大家在一起比各自分散要稍稍对自己有利罢了。这种脱离了熟人社会结构的聚合只是一种权宜的措施。很多人强调这样一个造反组织需要一个先进的纲领。其实，很多时候，熟人比所谓的纲领更具备向心力。吸引一个人进入这个组织的，往往并不是多么先进的纲领，多么美妙的前景，而是因为组织里有他的熟人。

朱元璋加入到郭子兴的部队，而不是同期起事的其他群雄，一个非常重要的原因，就在于写信招他的是汤和，是他的淮西老乡；在朱元璋刚刚于行伍中冒头，而又不能为他人所服的时候，还是汤和帮了他的大忙，《明史 · 汤和传》中说，汤和虽然长朱元璋三岁，但“独奉约束甚谨”，意思是在朱元璋的权威还没有根本树立的时候，唯独汤和十分注意培育和维护朱元璋的威信；朱元璋在军旅生涯中多次犯险，而危急时刻，又是他的乡党挺身而出救他脱难，另一个濠州老乡徐达，为从敌方手里换回朱元璋甚至不惜拿自己去作人质。

游民、乞丐出身，全无凭借，要在乱世里图自保，复于群雄中脱颖而出，又逐鹿中原，朱元璋唯一可以仰仗的，就是他的淮西籍老乡。乡党就是其“家底”，堪称他不折不扣的“基本盘”。反过来，这些出身农家，乡土、宗族观念很重的淮西老乡也特别愿意为朱元璋卖命。可以看到，在朱元璋取天下的过程中，能够被其所信任，而自己又确有效死之心、可以独当一面，进而攻城略地的心腹，绝大多数都是淮西人。后来，朱元璋苦心经营的“生意”越做越大，“参股”者越来越多，但核心力量仍然是淮西籍将臣。元末诗人贝琼有一首诗记淮西将臣的气焰，诗是这样写的：

两河兵合尽红巾，岂有桃源可辟秦？
马上短衣多楚客，城中高髻半淮人。

淮河流域在春秋时是楚国的一部分，所谓“楚客”“淮人”指的都是朱元璋队伍中的淮西人。从这首讥讽味十足的诗中，我们完全想象得出，当年朱元璋带着他的老乡们攻破一个又一个城池，淮西人那种趾高气扬的胜利者姿态。

淮西乡党功勋卓著，一举功成登上皇位的朱元璋不能不投桃报李。这是情当如此，更是理当如此。于是，刚刚还是粗话连篇的马上“楚客”，摇身一变，成为了新朝最炙手可热的新贵。经过皇帝赏赐良田、厚予珍宝，淮西将臣成了富人；论功行赏，封公拜相，淮西将臣更成了新的特权阶层。洪武三年（1370）十一月，明太祖大封功臣，依功劳大小赐其爵位。爵位原有五等，公、侯、伯、子、男，最高者为“公”，而在封公者行列中，李善长、徐达、常遇春之子常茂（常遇春早死）、李文忠、冯胜、邓愈六人，均为淮西籍人士。此后，朱元璋又陆续分封了一批公、侯、伯，终洪武一朝，据统计，封公者十一人，除上述李善长等六位，另有信国公汤和、凉国公蓝玉、梁国公胡显、开国公常升，也都是淮西旧人，只有颍国公傅友德是砀山人，是封公中唯一的非淮西籍人士。

但对朱元璋的这些乡党来说，丰厚的封赏实为一把双刃剑。物质上的回报固然可喜，另一方面也意味着，过去靠乡土和宗族观念维系，在生死与共中结成的所谓兄弟情义至此已一去不返，现在摆在他们面前的，是“礼”的鸿沟和“法”的森严。“礼”，就是不可逾越、不容轻忽的君臣名分，“法”，就是代表朱元璋家族利益的一整套强制性规范，而这样一个规范，对除朱元璋以外的任何一个人都是适用的，自然也包括帮他打天下的淮西老乡。

朱元璋和乡党的关系，因此必然面临着一个重新调适的过程，而这个过程，很可能是尴尬、艰难甚至是血腥的。

分而治之，唯“君”独大

于情于理，登基后的朱元璋必须对帮他夺取天下的淮西老乡大加封赏；而在新王朝的政治架构中，给他们以重要安排，情理之外，更多的恐怕还是一种现实的考量。新皇帝不能不用人，即使他谁都不信任，但仍然不得不如此。在考虑用谁的问题上，与其说他用乡党是因为信任他们，毋宁说，除了乡党，其余人等让他更不信任。

就这样，淮西籍将臣在刚刚建立的朱明王朝中占据了最为显赫的位置。

新王朝的利益分配中，淮西人分得了分量最重的一杯羹，这本来是理所当然的。但犯忌讳的是，淮西人对这一杯羹犹不满足，恨不得吃独食。而以淮西人的才具，他们在战场上冲冲杀杀是很不错的，但大都缺乏文化修养，粗鲁少文，在“治天下”的转型过程中，明显力有不逮，尤其是面对以刘基为代表的浙东儒生集团，更是相形见绌。客观形势如此，而淮西人偏偏硬要吃独食，怎么办呢？只剩下了一个办法，这就是依靠宗族和乡土观念结成一个团体，让淮西人占据要津，使玩政治成为淮西人的禁脔，外人不得染指，最多也只能敲敲边鼓。

在洪武朝初期，淮西集团和非淮西集团的利益争斗是非常激烈的。

淮人官僚集团的中心人物先为李善长。他是朱元璋起兵后的重要幕僚，朱元璋称王时，他是右相国，称帝后，拜左丞相，朝臣中位列第一，还是明太祖的儿女亲家。继李善长为相的胡惟庸也是淮人，与李善长是亲戚，二人渊源深厚。从李善长到胡惟庸，二人掌权长达十七年，他们执政贯穿着一条主线，就是竭力排斥、攻击非淮西籍人士，表现得最突出的，是对山西人杨宪的倾陷和对浙江人刘基的挤压。

杨宪这个人，按《明史》上的说法，原是一个儒生，但从其行事看，更是一个吏才。办事很精干，口才也很好，对仕途很热衷，权力欲极强。当他受到朱元璋的器重，当上右丞相后，决心对淮党发动攻势，可惜未能正确估计局面，在李善长还未失宠的情况下，就匆忙向朱元璋进言，要扳掉他，淮人在李善长和胡惟庸的精心部署下，联合反戈一击，杨宪打虎不成反被虎咬，枉送了性命。

刘基在朱元璋的体系中，是浙东儒生集团的头面人物。其人在野史中有许多奇异的传说，差不多和《三国演义》中的孔明一路，"近于妖"了，不过，刨掉荒诞不经的成分，刘基在朱元璋取天下过程中发挥的重要的智囊作用无可怀疑，在许多关键性战役中立有殊功，至少不在李善长之下。但在大封功臣时，李善长是第一等，封公，刘基却只封了一个"诚意伯"，属于爵位中的第三等。这两级区别之大，只要看其岁禄（从国家每年领取的俸禄收入）差别就知道了：封公的李善长是四千石，而刘基却只有区区两百四十石。

由于刘基是个足智多谋的人物，加上他在非淮人中有较高的声望，甚至一度传出可能拜相，自然成为淮西集团极力排斥的首选对象。刘基在朱明王朝肇建时，年岁并不大，却出人意外地很早就退出了权力中心。这当然是李善长和胡惟庸的"功劳"。朱元璋就曾对刘基透露，李善长当宰相时，"数欲害君"。刘基见势不对，在朱元璋登上帝位不久后，就回老家去了。

杨宪的被杀和刘基的出朝，标志着淮人势力的进一步膨胀。但令淮西集团中人没有料到的是，在他们雄心勃勃扩展自己权势的路途上，最为疑忌的人，其实并不是朝中的非淮西派，而是他们的老乡，当今的圣上。也许，这一点会让他们大感冤屈，他们其实从来就没有任何僭越的企图，他们之所以要利用宗族和乡土观念，盘根错节地纠合在一起，完全只是为了更方便地对抗和挤压非淮西人，绝非为了向皇帝示威。然而，他们不知道，不让任何一股力量独大，是君王的不二法门，而且一个精明的君王是并不考虑这股力量究竟是否宣称效忠于他的，因为在他们眼里，“宣称”云云，向来是靠不住的东西。

朱元璋出手了。除了不断地对淮西勋贵发出口头和书面的劝导、警告、训诫，强化各种礼制和法令，甚至杀戮，从技术上他更采取了“掺沙子”的办法，在他看来，这远比苦口婆心的讲道理要可靠得多。于是，我们看到，大量的非淮西籍人士走上了政治前台。在中书省和六部，王朝最重要的岗位上，朱元璋安插了许多非淮西籍的官员，江苏高邮人汪广洋一度出任丞相。六部尚书，相当于正部级的高官，更以非淮西籍为主。

“掺沙子”的妙处很多。首先，对新朝肇建之际，纷纷想分一杯羹的各路人士而言，这代表着一种让人欣喜的姿态：我这个皇帝，绝不是淮西人的皇帝，而是天下人的皇帝，大家尽可“入股参股”，不必心怀疑虑。而最重要的是，它从根本上排除了一股力量独大的隐忧。从此，一种“对冲”的局面形成了，大家你不满意我，我不满意你，你警惕我，我也警惕你，闹得不好，今天你在皇帝面前说我的坏话，明天我就参你一本。就这样在一种互相牵制中，达成了政治生态的某种微妙平衡，而掌握这个平衡点的，当然只有君王。

臣下“掐架”：君王之必需

有人疑惑，像这种官员互不信任的乱糟糟的局面，对君王真的会有上述这么多好处吗？属下“掐架”，难道真的是君王之必需？

对这个问题，我们不妨换一个思路，试着探讨一下，为什么奸佞不绝会是历代帝王面对的千古难题，哪怕是一些所谓的英武之主？在我看来，这样一个难题其实相当虚伪，因为事实上，君王们压根儿就没打算将奸佞灭绝。为什么会这样呢？原因又只有一个，君王们实际上并不怎么害怕所谓的奸佞，他们真正害怕的，最痛恨的，是臣下结成朋党。而所谓奸佞，对他们来说，很多时候倒是一种于己有利的、可以作“对冲”之用的平衡性力量。为什么会有专门与君子作对的小人？与其说君王不察，毋宁说君王有意要豢养和纵容他们。

至于君王最不感冒的“朋党”，历史上曾有人企图加以厘清，以消君王之疑，如欧阳修就专门著文说有君子党有小人党，君子党是好事云云。欧公是大文学家，但此处所论未免太书生气了一点。不论君子党还是小人党，都会让君王食不甘味寝不安席。当然，他表面上也会说些“和衷共济”的门面话，但臣下真的和衷共济，他就会担心这些人联合起来和自己玩猫腻了，又怎利于他分而治之？

于是，臣下“掐架”，成为王朝的一种必需。也许这对很多方面都不利，但对君王和他的家天下，却充分利好。历代帝王，是很喜欢臣下们在他面前争宠，斗来斗去的。而且高明的帝王，总能在这种利益冲突中保持微妙的平衡。任何一方都可能得势，但任何一方都不可能永远占据上风。因为冲破平衡的临界点永远在君主手里，每每在东风看似要全面压倒西风的时候，君主就会轻轻在“西风”那边加上一个也许很小但分量绝对够的砝码。这样，任何一方要维持自己的利益，都必须听命于他，向他献媚固宠，任何一方也不会对他自己造成严重的威胁。

现在回头看朱元璋，堪称一位玩权力平衡术的大师。上面提到，他亲口对刘基透露，说自己的亲家、丞相李善长“数欲害君”。这是一个非常值得咀嚼的举动，这个举动后面的心态，也很有意思。刘基是开国功臣，又没有犯法之事，李善长居然屡次三番要害他，按传统政治的观点，这明显是一个奸佞嘛，可是朱元璋显然没有将这个已浮出水面的奸佞给予处置的打算。既不想处置李善长，朱元璋又为什么要对刘基透露风声？除了有意向这个智囊人物示意，瞧，我对你多信任，我是倾向于你的，以使其感恩戴德之外，更重要的恐怕还是为了分而治之，因为这不是明摆着加深李善长和刘基、淮西集团和浙东集团之间的猜忌与对立吗？

朱元璋的“掺沙子”“分而治之”之术，对明初的政治生态产生了严重的影响。

今人评论说：明初官僚集团的高层中存在着不同派别，其任何一派都没有整合官僚集团利益的能力，在整个洪武一朝，也没有出现一个能够整合官僚集团利益的重臣；更有人认为，按照宰相才识器度的标准，明初文臣中几乎无一人能够符合。那么，这种状况，究竟是当时朝臣个人的修养、性格与才识问题，还是朱元璋有意为之呢？

我更倾向于后者。很简单，一个具有足够威望、能够整合文武的官员首领，是朱元璋决不能容忍的，因为这显然与其集权意图相冲突。没有整合文武和官僚集团的人才，皇权才能够以超然于各派别利益的面目出现，在各大集团派别的矛盾冲突中，获得其高度强化的政治基础。

我们可以看到，朱元璋根据集权和家天下的需要，对官僚集团中的不同派别和成员，常常进行残酷打击，有时打击面大得甚至让读史者担心，这会不会动摇其统治根基，而事实证明读史者的担心是毫无必要的。为什么会这样？原因还是只有一个：官僚集团已经被完全分化，而一经分化，便很难产生什么力量。不仅如此，这本来就没有多少力量的各个派别，为了在利益格局中不被排斥，还会内斗，并争相向皇帝献媚。于是，尽管皇权对官僚集团中的不同派别和不同成员实行高压政策，却始终不会遭到整个官僚集团的抵制。

玩权力平衡术是一种技巧性很强的活计，善于玩权力平衡术的帝王，其宝座才会稳固。而明太祖正是此道高手。

第二章

辣手治国的得与失

第一节　“功狗”们的命运

汉初，高祖刘邦取得天下，照例要对文臣武将们论功行赏。围绕谁的功劳最大的问题，当时有一场有趣的争论。刘邦认为，丞相萧何“功最盛”，群臣大哗，特别是那些武将们，纷纷表示不满：我们在战场上披坚执锐，多的经历过百余次大小战斗，少的也有数十次，攻城略地斩将夺旗，可谓在刀林剑雨中出生入死，萧何不过是文臣，充其量做一点写写画画和后勤工作罢了，怎么能居头功呢？刘邦回答说：这就好比打猎，追杀猎物的是狗，而发布命令的却得靠人，像你们，不过就是“功狗”，而萧何，却正是“功人”也。

这个故事很有意思。史籍上都说，刘邦是个颇有流氓气息的人，在当上帝王的兴奋劲头中，可以连自己的老爸都嘲笑一番。但我们从这个故事中，显然又能看到刘邦一点可爱的地方，这就是比较率真。萧何在刘邦逐鹿中原过程中不可替代的作用，刘邦自己心里当然是像明镜儿似的，当初楚汉相争，刘邦不利，如果不是萧何稳定关中后方，积极筹措粮饷，刘邦是极有可能一败涂地的。萧何的的确确是“功人”，这一点儿也不夸张，然而事实归事实，事实能不能在帝王一言九鼎的情况下被承认，却是另一个问题。

刘邦没有讳言臣下之功，可千万不要以为，这在帝王中是很容易做到的。

在刘邦那儿，手下跟随自己驱驰的文臣武将还有“功人”与“功狗”之分，到了朱元璋这里，可还会有这种品类、等级、作用上的区别吗？分析朱元璋和功臣们的关系之始终，可以肯定地说，没有了。在朱元璋心目中，只有“功狗”，只有在自己指引下去扑杀猎物的“功狗”，哪里有什么“功人”？

有“功狗”无“功人”

朱元璋待功臣之酷，堪称空前绝后。

不妨看看重量级“功狗”们的命运。

凉国公蓝玉，“数总大军，多立功”，洪武二十六年（1393）二月，锦衣卫指挥蒋献告玉谋反，族诛；颍国公傅友德，在蓝玉被诛杀之后，不能自安，有人对傅友德发牢骚说：“皇帝年纪越来越大，看样子马上就要轮到对我们开刀了，可怎么办才好？”这话传到元璋耳中，傅友德遂罹祸。友德之死，史籍记载不一，《太祖实录》书“卒”，《明史稿》书“坐蓝玉党赐死”，《明书》书“勒其自杀”，《明纪》书“赐死”，《国榷》书“自杀”，但不论是哪一种，傅友德均非令终则同；宋国公冯胜，“功最多，数以细故失帝意。蓝玉诛之月，与傅友德自山西召还京。友德既死，胜遂不免”，于洪武二十八年（1395）被赐死。

武将之中，属于“大帅”级别的，除以上三人外，还有封卫国公的邓愈和被追封开平王的常遇春，运气似坏实好，都是在出征途中病死，尚可享受哀荣。死得有些不明不白的，则有人称功臣第一的中山王徐达，和朱元璋的亲外甥、曹国公李文忠。徐达之卒，《明史·徐达传》中说他是病死的，对其功绩特别引用朱元璋的话大加褒扬，仿佛君臣相得甚欢，但在另一篇《李仕鲁传》中却又微露马脚，该传中记录了大臣陈汶辉的进言，他说："今勋臣耆德，咸思辞禄去位，如刘基、徐达之见猜，李善长、周德兴之被谤，视萧何、韩信，其危疑相去几何哉？"在"见猜"的名单中，明确有徐达的名字，而且这是当时人的说法，可见朱元璋、徐达二人暮年关系究竟如何，值得探究。于是有了徐达之死的另外的版本，《明书·本传》中说："十七年，（徐达）自北平疽发背，……疾益甚，太祖延致天下名医为调剂，……稍愈，上屡遣中使候消息起居状，达召诸医曰：'若等急去，稍迟，若等诛矣。'诸医不知所为，皇遽逃去。一日，上赐食，食已薨。上果索诸医，诸医已去久矣。"字里行间仿佛在暗示一个阴谋：徐达病重，本来稍愈，朱元璋赐食中颇有蹊跷，乃死，朱元璋还企图嫁祸于给徐达治病的医生，而徐达仿佛又早知道皇上的意图，早将医生遣散。野史中还记载，当徐达死讯传来，朱元璋兴奋得不能自制，在殿内来回走动，并喃喃自语："徐达死了，徐达死了。"这一失态的真情恰恰被一个佯装熟睡的宫婢看在眼里，似乎和徐达未得善终的说法能够相互印证。也许正是这些缘故，吴晗《朱元璋传》中径直说，徐达背上长疮，本来是不能吃蒸鹅的，朱元璋偏偏赐之，徐达含泪吃下，遂死。这一说法并无确证，但徐达死得不明不白则是事实。李文忠之卒，《洪武实录》中历叙其赫赫战功，君臣甥舅之间，仿佛也全无芥蒂，然考之他史，则仍有异闻。明朝大史学家王世贞在《史乘考误》中引用了野史的一个说法，李文忠多招纳士人门客，朱元璋大不高兴，一日，李文忠说宫中使用太监过多，宜裁省，朱元璋大怒，说这不是要削弱我的羽翼吗？这个坏主意肯定是你的门客教你的，于是将李文忠的门客尽数诛杀，“文忠惊悸得疾，暴卒”。这一说法另有正史的记载可以参证，洪武十九年（1387），朱元璋给李文忠的儿子李景隆一道诰书，其中批评李文忠“非智非谦，几累社稷，身不免而自终”。

“大帅”级别的武将中，没有战死这种“福气”，而又得善终的，几乎只有一个信国公汤和。他因为早早请求解甲归田，而且为人非常谨慎，“入闻国论，一语不敢外泄”，所以平平安安地在老家活到了七十岁。

武将下场如此，文臣也不例外。首任丞相李善长，因受胡惟庸谋反案的牵连，自己和其妻女弟侄家口七十余人均被诛杀；宋濂，一代大儒，又是太子朱标的老师，可因为孙子受胡案所累，也差点被太祖赐死，幸亏马皇后和朱标力救才得幸免；刘基，出于避祸心理在朱元璋建国初期就脱离了权力中心，可是因为一个小故，却被招入京中问罪，并被罚禄，最后也是死得蹊跷；汪广洋，被朱元璋称作自己的张子房（刘邦的智囊张良），为人也“谨厚自守”，却被加了一条“未揭发奸人”的罪名，赐死；……

都说“狡兔死，走狗烹”，洪武之功臣，是否也是走上了这个老套？并不尽然。过去烹狗的行动中，不过二三子而已，哪像朱元璋这样大面积地屠戮？又有人说太祖不放心手握重兵的人，但文臣们的待遇又能好到哪里呢？人们喜欢举汤和的例子，来反证朱元璋之所以要诛杀勋贵，是因为他们拥有兵权，其实这里的所谓兵权对朱元璋并没有那么可怕，因为朱元璋在提防武人上早有周密安排，将帅只是出征时才有兵权，战事一完，就得离开部队，交还兵权，这次使用这支部队，也许派甲去，下次使用，又可能换上乙了，也就是说，将帅对部队只有在出征时才有控制权。对这样有限的权力，何况朱元璋还有分镇各地要害的藩王（都是朱元璋的儿子），他真的会担心无法驾驭吗？朱元璋的厚待汤和，与其说是嘉勉其早交兵权，毋宁说是赞许其知趣，很对自己的脾胃。

洪武功臣为什么会落得如此下场？窃以为，应该把朱元璋残忍的天性及其“自大狂”心理结合起来进行考察。起兵时自称“唯不嗜杀人”的朱元璋，其骨子里是偏爱虐杀的，不过一直在为夺天下的大计隐忍罢了，而功臣们的勋绩又偏偏和他的“自大狂”心理相冲撞。我们看到，为了事业的需要，他不得不对功臣大加赏赐，但在这同时，他又在不断地敲打他们。即使是汤和，他也要时时拿过去的“瑕疵”加以羞辱，即使是毫无威胁的宋濂，别人称其为大儒的时候，他也要不屑一顾地说：宋濂哪是什么大儒！他仿佛时时在提醒功臣们：你们不过是“功狗”而已，不要逾分！功臣一个个倒在血泊上，我们从中可以看到朱元璋暴虐的人格特征，同时也依稀窥出其羞辱功臣后的自得之情。

当然，朱元璋的“烹狗行动”也是随着时势而变化的。如果说在早中期，他的大杀功臣还只是一时喜怒之无常，那么到了其晚年，因为太子朱标的死，为了自己身后朱家王朝的安宁，他的诛杀功臣就完全是一种有计划的行动了。

有计划的“烹狗”：以蓝玉为例

蓝玉，安徽定远人，开平王常遇春的妻弟。此人打仗很勇敢，有大将之才，在追击漠北残元势力中，屡建奇功，朱元璋曾比为汉之卫青和唐之李靖。但这人的毛病是不知书，居高位后“多蓄庄奴、假子，乘势暴横”，俘获元主的妃子后，据说有不法的阴事，致这位妃子自缢而亡，为此屡受太祖的指责。后来元璋给其加了个荣誉衔“太傅”，而冯胜和傅友德则为“太师”，蓝玉不满，说：“以我的功劳，就不能做太师吗？”粗人的怨言大概很难不流露于外，洪武二十六年（1393），果然有人告其谋反，很快定案，族诛。“列侯以下坐党夷灭者不可胜数”，按朱元璋的诏书中的自陈，“蓝贼为乱，谋泄，族诛者万五千人”。而《罪惟录》《国榷》等则说牵连被杀的达两万人。牵连到了什么程度，有一个戏剧性的事件，蓝玉不服指控，审问他的吏部尚书詹徽斥责他老实交待，蓝玉大叫：“你詹徽就是我的同党！”于是这个主审官亦入瓮中，人头落地。由此可见，在这个关系上万人身家性命的大案中，审案与判决简直跟玩儿一样。

蓝玉居功自傲，横暴不法是事实，但说他准备谋反，相信的人极少。明末史学家谈迁在《国榷》中分析得很好，“蓝凉公非反也。虎将粗暴，不善为容，彼犹沾沾一太师，何有他望！……凉公欲以部校家奴数百千人冀幸万一，虽至愚不为也。”一个粗人，对一个“太师”的荣誉衔都恋恋不舍，他怎么会想造反？征战结束后，家居的蓝玉所有的不过是几百个部校家奴，他又怎么能造反？！

对蓝玉不满，杀之即可，非要造出一个“蓝党”，罗织罪名，使元勋功臣一时俱尽，显而易见，这是一次有计划的行动。为什么会有这样一个行动？野史记载，蓝玉与太子朱标交谊深厚，曾对太子说：“我看你的弟弟燕王朱棣（后来的明成祖）有不臣之心，又听会看风水的人说燕地有天子气，你要早作防备啊。”这句话不知何故传到了朱棣耳朵里。太子病逝后，朱棣趁机对太祖进言，说：“公侯们放肆不知节制，现在不诛，将来尾大不掉就麻烦了。”不久蓝玉案就爆发了。从这个记载中可以看出，朱元璋对功臣的疑忌到其晚年才发作得最为厉害。这是客观形势所造成的。朱元璋虽然自信以他的才略，以他在制度上的种种安排，“功狗”们不会给他的王朝带来致命威胁，可他却不能不考虑其身后的问题。而太子早逝，嗣立的是文弱的太子之子，他更加担心自己眼下对功臣的严密控制会不会在身后一朝崩溃，不可收拾。

蓝玉死后被剥皮，朱元璋还下令把其皮传示各省。因蓝玉之女为蜀王妃，蜀王就把蓝玉的皮保存了下来。欧阳直的《蜀乱》中说，明末大西军张献忠攻入成都，他看见门楼上供着一尊人像，穿着公侯的衣服，皮肤和手脚都是人的肉身，一打听，才知道这就是蓝玉。今人很难理解，既然“蓝党”只是朱元璋借机生事的一个由头，并不是蓝玉本人真有什么让皇帝深恶痛绝的大逆不道之事，为什么还要在其死后残酷对待他的尸体？朱元璋的行事往往就是如此，难以常情常理度之。如果要勉强解释，只能说蓝玉死后还有“余热”可供发挥，朱元璋能够借这张人皮震慑臣下吧。

“功狗”败亡的“自取”之道

在朱元璋当皇帝之前，他曾和手下讨论汉高祖和唐太宗的优劣，认为刘邦不及李世民，因为汉高祖“内多猜忌，诛夷功臣”，“度量亦未弘达”，而唐太宗“能驾驭群臣，及大业既定，卒皆保全”。朱元璋又曾经称赞为宋太祖“杯酒释兵权”献策的赵普，说如果没有此计，宋初很难避免五代群雄割据的混乱局面，仅此一事，赵普就足以名垂青史了。

这两条资料若非修史者讳饰，似乎可以看出，朱元璋的“烹狗”原非其初衷，他的本意还是想保全他们，以“君臣之恩礼”而终的，只不过是“功狗”们不能体谅其苦心，自己有取死之道罢了。

清初官方修《明史》的人，就是持这种看法的。他们说：“然则洪武功臣之不获保全者，或亦有以自取欤？”意为洪武功臣多横暴不法，不利于社会秩序的稳定，所以朱元璋不得不除。此即所谓“自取”。

这种认识当然是有史料根据的。自来助人夺得神器，都被视为不世之功，鲜有居此奇功而不骄恣的，更何况，朱元璋的“功狗”们大多粗鲁无文，恃功而骄几乎是一定的。《明史》在举了一些功臣不法的例子后大发议论曰：“治天下不可以无法，而草昧之时法尚疏，承平之日法渐密，固事势使然。论者每致慨于鸟尽弓藏，谓出于英主之猜谋，殊非通达治体之言也。……亦以介胄之士桀骜难驯，乘其锋锐，皆能竖尺寸于疆场，迨身处富贵，志满气溢，近之则以骄恣启危机，远之则以怨望扞文网。人主不能废法而曲全之，亦出于不得已，而非以剪除为私计也。”这是一篇为明太祖诛戮功臣翻案的宏论。在清初史官看来，那种以过去“鸟尽弓藏”的故事来套朱元璋的看法，都是不公允的。治天下不能不讲法度，现在功臣志得意满，触犯法网，帝王又怎能因私恩而委屈公法呢？

有了“功狗”们不法的实例，这一议论似乎颇能自圆其说，细按却大大不然。首先，如果真是讲法治，对犯法的功臣要加以惩戒，那么按法律条款治罪就可以了，可是我们看到，他在诛戮功臣时，不但没有遵循历来的习惯，对功臣给予“议亲议贵”的优待，相反还有加重之势，法外用刑的情况极多，很多功臣并无大恶，如冯胜只不过“数以细故失帝意”，却照样被赐死；其次，要树立法律的威严，罪臣止其身就可以了，可是朱元璋却嗜好对犯法功臣大肆株连，上述蓝玉案就是好例。

在我看来，洪武朝部分“功狗”们真正的取败之道，绝不是因为自己横暴不法，自罹刑辟，而是在明太祖杀机已萌之际，却偏偏不能谨厚自守，从而给了人主烹狗的绝好口实。

综而论之，朱元璋的大杀功臣有前后两个时段，不同时段各有其特点。前期并不如一般论者所说，是朱元璋担心功臣握兵权而造反，而主要是其残忍嗜杀、喜怒无常、以羞辱他人为快的天性的流露，后期则主要为其身后朱家王朝的稳固考虑。过去人们分析朱元璋的滥杀功臣，往往忽略其个人品格和天性的作用，仅仅着眼于客观情势，我以为这是有些偏差的，至少在前期“烹狗”行动中，其性格因素尤为重要。

朱元璋为了后代坐稳江山，晚年乃将功臣一网打尽，而其身后，燕王朱棣起兵谋乱所以能够成功，其缘故正在于朝廷派不出一名元勋宿将与之对抗。这正是历史的吊诡之处。

第二节　胡惟庸:“反臣”还是“棋子”?

丞相胡惟庸谋反一案，是明初的一件大事。

上个世纪，著名明史学家吴晗先生写了篇论文《胡惟庸党案考》，论述此案的影响时说：因胡惟庸事件，“党狱析连前后十四年，一时功臣宿将诛夷殆尽，前后达四万余人（统计方法不同，《明史》上说三万余人）。且因此和日本断绝国交关系，著之《祖训》”。

吴晗先生在此文中，考证胡惟庸案之始末和曲折，甚为缜密，但以上分析容易给人一种误会，似乎朱元璋拿胡惟庸开刀，和他于开国之初大诛功臣一样，是雄猜多忌心理主使下的对功臣“震主”的疑忌，仍然属于典型的“兔死狗烹”。而究其实，胡惟庸之所以不得不死，其中当然有明太祖为自己身后布局的考虑，不准备让后代面对强悍的大臣，但更重要的，则是君权和相权的关系这时候已愈趋紧张，标志着朱元璋权力欲的空前高涨。

胡惟庸其人

胡惟庸，安徽定远人。他的发迹还要“感谢”被朱元璋早早杀掉的杨宪。

朱元璋用人有一个特点，这就是喜欢用吏才。所谓吏才，就是读书未必多，但办事却很精干，也没有什么儒家教化的束缚。一个雄主，用这样的人，首先是颇觉得心应手，事情交办下去，往往完成得又快又好；其次是他们一般不会纠缠儒家所谓“以道事君”的套套，基本抱持实用主义，以君王之是非为是非，不会在君王耳边聒噪言不及义的高调。杨宪就是一个很好的吏才。对几乎所有同僚都看不上眼，认为谁做丞相都不够格的刘基，尽管在朱元璋面前说杨宪“无相器”，却也要承认他“有相才”。“无相器”云云，估计是指杨宪这人度量差了一点，人际关系处理得不好。就这样，糊里糊涂地被朱元璋杀掉了。

朱元璋杀了杨宪，他的用人路线没有变，丞相仍然还是要用吏才。这一回，轮到了胡惟庸。《明史》上说：“自杨宪诛，帝以惟庸为才，宠任之。惟庸亦自励，尝以曲谨当上意，宠遇日盛，独相数岁，生杀黜陟，或不奏径行。内外诸司上封事，必先取阅，害己者，辄匿不以闻。”

从以上记载可以看出，胡惟庸和杨宪一样，也是有办事的才干的。那么其人品如何？查阅明史的资料，不论正史和野史，几乎众口一词，说胡惟庸好话的极少，用现在的话说，此人小有才，但无德。胡惟庸的“无德”表现在哪些地方？首先是“忮刻”，器量小而且阴险，谁得罪了他，他就要明里暗里给谁好看。这一条，即使用现代的观念衡量，也是让人害怕的。其次，就是如上述《明史》所说，独断专行，“独相数岁，生杀黜陟，或不奏径行。内外诸司上封事，必先取阅，害己者，辄匿不以闻。”对这一条，我们是不是也要和修《明史》的清人一样，去大张挞伐呢？

恐怕不能。原因很简单，胡惟庸是丞相啊。丞相是什么？用钱穆先生在《中国历代政治得失》中的话说：“皇帝是国家的元首，象征此国家之统一；宰相是政府的领袖，负政治上一切实际的责任”，从秦时起，丞相堪称最高行政长官。且不说什么“不奏径行”，历史上丞相对皇帝的旨意，拒不执行的也并不在少数呢。到了宋代，相权虽然低落了许多，原有的一些权力遭到了分割，但宰相仍然是对皇帝直接负责的最高事务官，皇帝照例都会给他特别的地位和尊崇。现在，胡惟庸在一个国家的中枢机构——中书省里，担任着最高事务官，面对如山的公文和纷繁的政事，难道没有一点儿处置之权，还要他事事早请示晚汇报？“内外诸司上封事，必先取阅”，这应该是丞相的分内之事，胡惟庸并没有做错，否则就是失职。至于“害己者，辄匿不以闻”，因为没有确切的证据，而历史往往又是不能容失败者辩驳的，只好姑妄听之。

在胡惟庸事败之前，就已看出他是“小人”“奸臣”，必定没有好结果的有三个人。第一个是大将军徐达。史载，徐将军“深疾其奸，从容言于帝”。后面还有离奇的事，“惟庸诱达阍者福寿以图达，为福寿所发。”意思是胡惟庸因为徐达背后说自己坏话，乃引诱徐达府上守门的人暗害之，结果却反被此人告发。我说它离奇，是因为一个丞相要暗杀政敌，居然派不出自己手下一个合适的人！第二个攻击胡惟庸的是刘基。《明史》记载，刘基在胡惟庸当丞相之前，就预言他只会把车拉翻，所以胡惟庸当上丞相的消息一传到，他就“大戚曰：‘使吾言不验，苍生福也。’忧愤疾作。”而有些史料更指陈刘基就是死于胡惟庸的投毒。当代学者杨讷在《刘基事迹考述》一书中已经考证清楚，“投毒”一说纯系子虚，他更认定，刘基的神奇预言也出于刘氏后人的伪造，因为在刘基“大戚”的时候，胡惟庸根本就没有多少可以称得上祸害苍生的大罪大恶，否则朱元璋又岂能容忍？

许多史籍似乎都力图向世人证明，胡惟庸很早就开始做坏事，很早就已暴露了乱臣贼子的真面目，然而，这里却有一个让人困惑的问题：徐达和刘基是朱元璋非常信任的文武两根柱子，这样的人一起在朱元璋面前倒胡，为什么在朱元璋这里就全无效应呢？绝不会是朱元璋的昏庸，更不会是大度，朱元璋不是这样的君王。只有一个可能，对胡惟庸，徐达“深疾其奸”也好，刘基早有预言也罢，都只是修史者的一种附会，以便让后之读者形成“胡氏奸佞”的牢不可破的印象。胡惟庸既然确属奸佞，朱元璋杀之岂非顺理成章？

其实，朱元璋对胡惟庸不仅一度相当宠信，而且连别人攻击胡惟庸的话也是不能容忍的。这就要说到在胡氏事败之前，出场的第三个批评者——一个叫韩宜可的监察御史。韩宜可在朱元璋和胡惟庸从容谈笑的时候，出怀中弹文，劾胡惟庸等三人“险恶似忠，奸佞似直，恃功怙宠，内怀反侧，擢置台端，擅作威福，乞斩其首以谢天下”。结果惹得朱元璋大怒，骂道：“快口御史，敢排陷大臣耶！”命下锦衣卫狱。而历史真的很有意思，等到朱元璋要拿胡惟庸开刀的时候，他又反过来斥责臣下为什么不能洞烛其奸了！从这样反差强烈的好戏中，我们是不是能触摸到一些历史的真相？

破绽百出的谋反案

正史上记载的胡惟庸谋反事实甚为怪异。

按《明史》所说，胡惟庸预谋不轨，并勾结同党的经过大致是这样的：胡惟庸因儿子在一起意外事故中丧生而杀人，事泄，胡惟庸准备花几个银子结案，朱元璋不许，要他偿命，惟庸大惧，恰值此时，另两个侯爷也因被皇帝斥责心怀恐惧和不满，乃招以同谋。惟庸又令某都督取卫士和亡命之徒为心腹，告诉他说"吾有所用耳"；惟庸又遣某官员下海招倭，遣元朝故臣代他向残元势力示好，准备和这两股势力里应外合同时向朱元璋发难……

对这些记载，吴晗先生已经在《胡惟庸党案考》一文中经过精细考证，提出了质疑，有心从学术上探知究竟的，读吴先生此文必有收获。不过，若读者不耐烦那种剥茧抽丝的考证，又想尽快从文字迷雾中走出，这里倒有一个简便的方法可以判断真伪。这个方法说难不难，说易也不易，就是结合当时的现实和人物处境，立足于常情和常理，进行基本的逻辑推断。如果我们思考问题不偏离常情常理太远，又不把官居相位的胡惟庸的智商估计太低，就会得出一个非常简单的结论，胡惟庸即使真想取朱元璋而代之，一直精心谋划，他在这个过程中也绝不会傻到如此张扬！谁都知道，谋反是专制君王最不能容忍的灭族大罪，有史以来的任何一起成功的谋反，都是在绝对机密的情况下酝酿的。而要保证这种绝密性，只有让知晓和参与者降到最少。历史上哪有像胡惟庸这样，在干一件提着脑袋的勾当时，却仿佛唯恐他人不知，今天和这个同谋，明天又和那个商量的？朱元璋的密探四伏几乎是公开的秘密，要造反的胡惟庸如果真这般招摇，早就在不知不觉间身首异处了。在朱元璋面对胡惟庸磨刀霍霍的时候，胡的“同党”一个一个地跑出来，指控胡惟庸谋反，要么是受到了胁迫，要么是希图洗刷自己。这样的人越多，表面上，针对胡惟庸的指控似乎越有力，但在智识稍稍正常的人这里，倒正好泄露了天机。锻炼周纳的审案者之所以能从流品不一的众多对象那儿，很快得到他们想要的东西，必在有意无意间有所暗示，如“交待了就没事”“皇帝会赦罪录功”云云，而事实是，不论是被动牵连的，还是最早主动揭发的，都未能侥幸生还。

后世修史的人们好像也知道自己笔下的破绽，为了坐实胡惟庸的谋反罪，又造出了一个更为荒诞的“云奇告变”事件。

据《明史纪事本末》，云奇是当时的一个太监，所服务的地点与胡宅相近，预知其谋。“惟庸因诡言第中井出醴泉，邀帝临幸，帝许之。驾出西华门，内使云奇冲跸道，勒马衔言状，气方勃，舌驶不能达意。太祖怒其不敬，左右挝捶乱下。云奇右臂将折，垂毙，犹指贼臣第，弗为痛缩。上悟，乃登城望其第，藏兵复壁间，刀槊林立。即发羽林掩捕。……”在这里，胡惟庸谋反的情节更加戏剧化了：他借口自己宅中有灵异之事，邀朱元璋观赏，而在宅中复壁间藏有甲士，图谋弑君。就在朱元璋欣然就道的时候，太监云奇不惜惊驾拦道，宁死也不退缩，皇帝醒悟，登城墙一看，果然看见了胡宅中藏在复壁间的甲士。

看了这段故事，原来对朱元璋不满的人肯定会为胡惟庸惋惜，智者千虑必有一失，为什么不把武士藏好一点，居然让人在城墙上就可以看到呢？相信读者一念及此，马上就会油然而生一个疑惑：胡宅不应该连屋顶也没有吧，如果有屋顶，登城而望的人除非有透视的特技，又怎能看到屋顶下、复壁间藏匿的武士？这个故事的荒谬由此已经呼之欲出！不仅如此，吴晗先生对这个问题还有追问：云奇身为内使，所服务地点与胡第相近，既知胡氏逆谋，为何不先期告发，一定要到迫在眉睫时方才闯道报警？按以上诸书所记，胡请太祖正是他被杀头的日子，“这样当天请客，当天被杀，中间并未经过审讯下狱的阶段，在时间上是否发生问题？”……

按吴晗先生的考证，朱元璋加在胡惟庸身上的“通倭”“招虏”的罪名，事实上也是不能成立的。

然而历史上，有权力者才能掌握话语。经过史臣、文人的反复修饰，反臣胡惟庸的罪行越积越多，越到后来，描摹得也越像那么一回事儿。胡适先生研究中国小说，曾说有些典型角色是“箭垛式”人物，起初很可能十分模糊，而随着人们向其“射箭”的次数的增多，其面貌和性格终于逐渐定型。胡惟庸谋反案也与此相仿，时代越后，故事的轮廓便越扩大，内容也越充实。到了洪武后期，胡惟庸的结党谋反便几成铁案，装点得有条有理了。

胡惟庸案之实质

胡惟庸一案影响甚巨。

先说当时立竿见影般的效应。《明史》上说，“帝发怒，肃清逆党，词所连及坐诛者三万余人。乃为《昭示奸党录》，布告天下，株连蔓引，迄数年未靖云。”只要是明太祖不太待见的，希望他从这个世界上消失的，主管司法的官员都可以投君所好，套上一顶“胡惟庸同党”的帽子，便万事大吉。君王威权的恣肆之下，人命如泥沙！牵连被逮的功臣宿将一时俱尽，就不必说了。株连之酷，简直到了不可理喻的地步。被称为“元四家”之一的大画家王蒙，侥幸活到朱明盛世，可这回终于在劫难逃，其罪名是曾经到胡惟庸私宅观画！面对狱吏，不知道画家是否曾以“胡惟庸当时是堂堂宰相”“只是谈艺未涉政治”等作辩词，可是即便作了如是辩解，又能如何？总之，王蒙是死在了狱中。

再说绵延不绝及于后世的影响。朱元璋于杀胡惟庸次日便急不可耐地宣布“朕欲革去中书省”。朱元璋废掉丞相，分丞相之权于六部，直接铸就了明清两代的政治格局。过去丞相权力在一人之下万人之上，有时候可以和君权稍稍抗衡，现在，权力分散，且六部大臣直接由皇帝任命，直接对皇帝负责，只有仰其鼻息都嫌不及的份儿，遑论制衡？君权至此攀爬到了有史以来的最高峰。

那么，朱元璋为什么要一手炮制胡惟庸案？

如果仅仅是胡惟庸个人品行太差，且喜欢胡作非为，那么朱元璋仅仅端掉他一个人就够了。可现实并非如此。显然，明太祖对发动这一案件有深远的谋划。

胡案初起时，胡氏的罪状只是擅权专断，明太祖要办他是很容易的。然而，这样一条罪状，肯定只够杀胡氏一个人，充其量也只能连坐其家族。于是，我们看到，胡惟庸的罪行越加越多，勾结同党，谋反叛逆，“通倭”“通虏”……这样，以“胡党”之名诛杀功臣宿将的理由有了，以“丞相不法”之名废相的理由也有了。

细考史籍，朱元璋想烹“功狗”不自胡惟庸始，在他即位的头几年，就已经开始着手了，至胡惟庸案发不过是到了高潮而已；朱元璋想废相也不自胡惟庸始，早在洪武三年（1370），那时还是李善长当宰相，一个儒士上书，建议“不得隔越中书奏事”，意思是应该放手给中书省和宰相足够的权力，才符合治道，朱元璋阅后对侍臣说：元朝丢了天下，正是因为“委任权臣上下蒙蔽”，“不得隔越中书奏事”正是元朝的大弊，我们现在怎么能效仿它呢？可以断定，朱元璋登基以后，因为权力欲的不断膨胀，又自认看准了元朝失天下的症结，早就处心积虑地想废掉宰相，只不过因为传统的威力，未蒙其会。

现在，胡惟庸案来得恰好。面对此案，小题大做，穷追不舍，朱元璋终于可以借此实施他的多项筹之已熟的计划了。也就是说，并不是因为有了胡惟庸案，朱元璋才想到去大杀功臣、废除宰相，而是他胸中早有成竹，而胡惟庸案正好可以让他名正言顺地实施罢了。

翻阅史料，从字里行间细细揣摩，我禁不住有一种感觉，明太祖对胡惟庸本人未必真有多大的恶感。对朱元璋来说，胡惟庸只是一颗棋子，一颗能够帮助他走活全盘的棋子。这个全盘无非是上述的两点，一是废相揽权，二是将功臣宿将一网打尽。而像吴晗先生所说，借罗织大案、籍没横财以充实国家财政的经济因素未必全无，不过应该只是“搂草打兔子”，属于意外的收获吧。胡惟庸既然有这么多妙用，那他就只剩下了死路一条，而且不能孤零零地死，还必须带着结党谋反等诸多恶谥，能够使许多让朱元璋心烦的人同入巨网。

第三节 开国丞相李善长之死

李善长，这个活跃在明初政坛上的超重量级人物，有着惹人注目的多重身份：朱元璋的淮西老乡；帮助朱元璋取天下的重要智囊和后勤补给官；明朝开国第一文臣，第一任宰相；明太祖朱元璋的儿女亲家。

这样一个人，如何从历史中谢幕的呢？洪武二十三年（1390），在残酷的所谓胡惟庸谋反案稍稍平息之后，原本早已退休、七十七岁的李善长被人告发与胡案有关，“遂并其妻女弟侄家口七十余人诛之。……善长子祺与主徙江浦，久之卒。祺子芳、茂，以公主恩得不坐。”也就是说，除了李善长本人，他的妻、女、弟、侄四家有七十余人被株连至死；唯一幸存的，他的儿子李祺，因为娶了朱元璋的女儿，是驸马，总算被赐恩免死，但也要和公主一起被发配，李祺的两个儿子（应该尚属少年），实际上也是朱元璋的外孙，也因为沾公主的光，才没有受这个惨案的牵连。

对任何一个人来说，如此种种，都是极其残酷之祸！

清初怪才金圣叹被腰斩，临刑时给家人写信说：“杀头至痛也，籍没至惨也，而圣叹以无意得之，不亦异乎！”李善长虽是明朝开国文臣第一，但肯定没有金圣叹这样的才情，大祸临头时断然写不出这样有几分黑色幽默的“妙语”，然而有一点是清楚的，他遭此奇祸也是“无意得之”，不过，以他宦海沉浮数十年的阅历，以他对伴君如伴虎这句名言的深刻体验，我有理由相信，在惨案暴发之前，李善长应该有一种强烈的不祥之感，否则，李善长就一定是一个白痴。

避祸无门的李丞相

李善长，安徽定远人，和后来也做过丞相的胡惟庸是小同乡，和朱元璋是大同乡。按照《明史》的记载，这个人“少读书有智计，习法家言，策事多中”。此处的用词有些意思，“少读书”，是说他受过一些基础的教育，而这种教育肯定是儒家的，下面又说他“习法家言”，即表明李善长不是通常意义上的儒生，那种儒生有强烈的道德责任感和受命于天的使命感，常常认为天地间有他这一号人物，就是来“上致君于尧舜，下救民出水火”的，而爱“习法家言”的人则往往世俗得多了，他们热衷于仕宦和富贵，并且为达目的常常不惜手段。

从史实看，李善长的确就是乱世中一个很世俗的人物，他有计谋和手腕，希望以此换得功名利禄，并荫及子孙，而儒生常有的导君于正、匡扶社稷的理想，在其头脑中，是相当稀薄的。

在李善长最初投奔朱元璋的时候，他就是一个口袋里装着“锦囊”的策士的面目。朱元璋问他，有什么办法可以平定天下，他回答说：“应该向秦末大乱中起家的汉高祖刘邦学习，刘邦同样是一介草民，但他豁达大度，知人善任，不乱杀人，仅仅五年，便成就了帝业。您是濠（今安徽凤阳）人，距汉高祖的老家沛县不远。山川王气，就应在您身上，只要您效仿刘邦，天下一定是您的。”李善长是不是真的特别关心乱世中的人命，是值得质疑的，在我看来，他口袋里装着的肯定不止一个锦囊，他之所以打开“不嗜杀人”这个锦囊，多半原因是，他摸准了这个锦囊很对面前这位雄心勃勃，一心要夺取天下的主子的脾胃。朱元璋果然大喜，让李善长在军中“为参谋，预机画，主馈饷，甚见亲信”。“为参谋、预机画”是做智囊，“主馈饷”是负责后勤补给，如果知道汉代萧何就是靠为刘邦转运粮饷而摘得第一功，荣升丞相的，当能明白李善长对朱元璋夺天下所起到的重要作用。

李善长的这种重要作用，是得到了朱元璋的认可的。洪武三年（1370）大封功臣，朱元璋说李善长虽然没有在战场上的军功，但“给军食，功甚大，宜进封大国”，乃授太师、中书左丞相，封韩国公，岁禄四千石，子孙世袭。除了这些，朱元璋更赐给李善长铁券，“免二死，子免一死”，即李善长本人凭此铁券，可以赦免两次死罪，其子可以赦免一次。当时封公的六个人中，李善长名列第一，朱元璋颁发的“嘉奖令”上，李善长被比作汉代的萧何，其风光在洪武功臣中一时无两。

这样一个曾经位极人臣，而且算是皇亲国戚的大人物，怎么会落到身死族灭的地步？

表面的起因似乎是胡惟庸的谋反案。洪武十三年（1380），胡惟庸案发。李善长虽与胡氏同乡，且李善长弟弟李存义的儿子娶的是胡惟庸的侄女，具有姻亲关系，胡惟庸仕途得意，又主要是靠李善长的引荐，但看来在胡案初始阶段，李善长并未陷入其中。御史台缺长官，退休的李善长还一度被“拉夫”，暂时主持御史台的事务。让人无法预料的是，到了洪武十八年（1385），“反臣”胡惟庸的脑袋早已“搬家”多年的时候，突然有人跑出来，揭发李善长的弟弟李存义父子“实为胡党”，这个时候，圣恩虽仍如雨露，说“免死吧”，但对李善长来说显然已危机四伏。洪武二十三年（1390），已经七十七岁的李善长修房子，向信国公汤和借士兵三百人干私活，汤和没同意还奏了一本；同年四月，李善长又为一个叫丁斌的犯了罪的亲戚求情，不知何故，按照常理在当时本来是一件并不大的事情，结果又闹到了朱元璋那里，皇帝下令审讯，而这个丁斌过去曾在李善长家服务，很奇怪，他没有就事论事，交代李丞相是怎样为他请托免罪的，却直往心惊肉跳的事上扯，即李善长家族与胡惟庸的瓜葛。明太祖先逮捕了李存义父子，拷讯之下，总算拿到了最有“价值”的内容。

按《明史》记载，李存义父子是这样供认的：胡惟庸想造反，便使亲家李存义去游说李善长，李善长起初大惊，说这是灭九族的勾当啊。不久胡惟庸又派李善长的老友去劝诱，说事成之后当封其为王，善长“不许，然颇心动”。后来胡惟庸亲自出马，善长“犹不许”。过了一段，胡惟庸又让李存义去劝说兄长，李善长叹了一口气说：“我老了，等我死后，你们想怎么干就怎么干吧。”仅此似乎还不足定案，很快，在李善长家的几个奴仆，也纷纷告发李善长和胡惟庸的阴谋。“大逆不道”的罪名终于成立，有意思的是连老天也示意李善长该死了，《明史》上说，李善长刚刚定罪的时候，星相学家“言星变”，卜了一卦，说上天示意要“移大臣”。须知，因天象的异变杀人，也是中国历史上的老谱，唐末时，一个依附军头的权相，就是以这种理由来清除他不喜欢的二十多位同僚的，结果“朝班为之一空”。现在李丞相既然也到了天厌之的份儿上，还有何说？皇帝当年亲赐的那个可以免二死的“铁券”，也成了一张废纸……

开国丞相死在了一起“谋反案”上，看似有极大的随机性，其实不然。读史者不应忽略一个重要的情节：李善长虽然位极人臣，但他是早在洪武四年（1371）就主动以身体不好为由申请退休的。那时候，李善长还只有五十八岁，本是政坛角逐的黄金年龄，而且，所谓身体不好云云显然是托词，他到了七十七岁，若非有人不想让他再活下去，看样子也还能享一段荣华富贵呢。

李善长主动退出权力场的原因何在？应该只有一个，精明过人的他早已看到了危险，他在最风光的时候就已经想到了以韬晦来避祸。然而，李善长固然精明，但他不知道，对他而言，这一场灭顶之灾，却注定不是他主观上想躲就能躲得过去的。

“别离我太近”：权力学的一条原理

李善长为什么会死？

首先是胡案的牵连。但所谓胡惟庸的谋反案，本来就是朱元璋一手炮制的，“皮之不存，毛将焉附？”

我们现在细读李存义父子的供词，颇觉有味。不能不承认，主持这个案子的是一个深文周纳的“办案高手”。如果在这个供词中，出现的是这样一个李善长，要谋反的胡惟庸一开始游说他，许以利益，他就怦然心动，甚至跃跃欲试，那会给观者怎样的感觉？肯定是滑稽！像李善长这样已经得到太多特权，享尽荣华又老于世故的人，在关系身家性命的问题上，哪会像一个毛孩子这样轻率呢？于是，我们看到，供词中的李善长是再三再四拒绝参加谋反的，只不过，这种“拒绝”显得不太坚决和果断，临到最后，甚至还有一点欲拒还迎的意思。这样一副面目的李善长，相对而言就“可信”多了，坐以“谋反”的罪名也就不那么让人生疑了。

李善长绝非因胡案而死，还有一个证据。朱元璋炮制胡案，其本来目的，就是要大张罗网，勿使一个他不待见的人轻脱，如果真的查到了李善长家族与胡案的瓜葛，哪怕这种瓜葛若有若无，以朱元璋雄猜好杀的个性，他也会穷治到底，怎么可能大发慈悲网开一面？

李善长非因胡案而死，那么是不是死于政敌的攻讦和诬陷？不能排除这一层考虑。李善长在明初政坛上，一直是作为淮西集团的首领而出现的。李氏家族势力很大，同时必然也积怨很多，在其旧日同事中，肯定有因利益分配问题，对李善长恨得牙根儿直痒。在办理李善长案的过程中，这些人非置李氏于死地的面目，也是暴露得相当充分的。然而在明了这一层的同时，我们还必须清楚，以李善长的特殊身份和他在朝野积累的深厚势力，除非皇帝突然将风向扭转，满朝文武谁能将他扳倒呢？最初，在朱元璋、李善长君臣之间刚刚出现极微小的一点阴影时，属于非淮西集团的杨宪等人就嗅出了点异味，轮番向李善长进攻，指责其“无宰相才”，应该说，杨宪等人的嗅觉好得出奇，可惜火候没有把握住，以为皇帝有些嫌恶李善长就是要抛弃他了，终究没有摸准皇帝的脉搏，最后反误了卿卿性命。此例也足以证明，政敌的明枪和暗箭，都不会给李善长带来致命的伤害。他的生死，仅在于皇帝那一念之间。

那么朱元璋为什么非要置李善长于死地呢？这就要说到权力学的一条原理。根据权力学原则，最高统治者与属下之间需要一个权力空白区，这时最高统治者在心理上才会感到安全，宋太祖赵匡胤的一句名言，“卧榻之侧，岂容他人鼾睡”，堪称这条原理的最形象的阐释。

“别离我太近”，因为“太近”，别人总担心你会不会轻易跨过那条太短的距离，取而代之。所以太近则生疑，生疑则要吃人。而作为明太祖同乡、故友、勋臣、亲家的李丞相，幸乎不幸乎，就是这个离朱元璋太近的人。朱元璋的发迹史，李善长最清楚；朱元璋搭建的新的政治权力结构中，李善长位居一人之下，万人之上；作为淮西集团首领的李善长，故旧戚党满布朝堂，势力盘根错节；……

这样一个李善长，能让那个虽然在他前面，但离他只有一箭之遥的人放心吗？何况，这个人是朱元璋？

有人会说，李善长和那个信国公汤和一样，不是老早就退休了吗？他还有什么会惹朱元璋疑虑？对此，明末顾起元分析得甚好，他说：“信国（汤和）之谨厚，上所信也，公之智略，上所疑也。疑而欲远迹以自引，则益厚其疑。”顾起言的意思是，汤和这个人本来就是个忠厚人，其谦退只会让朱元璋高兴，而不会产生怀疑，而李善长就不同了，他是以谋略起家的，所以，他的谦退，只会被认为是老谋深算者的一时韬晦之计，越这样，越让人不放心。顾起元分析得很对，除此之外，我觉得，李善长与汤和的退休还有一个很大的区别，即汤和是一退全退，代表着他从政坛上的完全隐退，而李善长不一样，他即使从朝堂上消失了，但其影响还是一目了然的。

李善长只能不得善终，除非老天让他短命。从史籍中分析，实际上，在大封功臣之前，朱元璋就已经对李善长不满了，几次当着大臣的面说李善长无相才，明末著名史学家史迁断定朱元璋即位后即开始厌恶李善长。的确如此，《明史》叙述朱元璋和李善长关系演变时使用的是这样一些句子："帝始稍厌之"，"帝衔之"，"帝怒"……可以清楚看出，在很早的时候，在李善长家族还有着表面风光的时候，杀机就在他头顶盘旋。只不过，皇帝也是人，他在杀心盈怀的时候，可能难免想起了当年的患难与共，想起了这个人的种种功劳和苦劳，更可能还有很多的现实考量，毕竟，杀开国第一文臣、宰相，常常会牵一发而动全身。这也许正是拖了这么久，直到李善长七十七岁，朱元璋才下定决心的原因。虐杀的阴云在天空几度徘徊和犹疑，最终还是决然降落到了人间。……

《明史》为了彰李善长之罪，说"善长外宽和，内多忮刻。……贵富极，意稍骄"云云，李善长性格上的这种缺陷，或许是确实有的，但这肯定不是他不得好死的根本原因。

李善长之所以会落得如此凄惨的下场，只是因为他离朱元璋太近。

身后之公论

前面说过，李善长是淮西集团的首领，加之淮西集团在新朝利益分配中太过霸道，树敌必不在少数。他的彻底倒台，因此便具有双重的心理安慰作用，一是针对朱元璋的，二是针对各派系文臣的。

然而，也许因为李善长一家的死难太过惨烈给人刺激太深，或者更因为受儒家熏陶的知识分子良知未泯，忍不住要主持公道，哪怕面对君主的淫威。在李善长死的第二年，即有人上书诉其冤。

这封替李善长申冤的奏折，据说出自著名才子解缙的手笔。最精彩的部分是以下一段：

> 善长与陛下同心，出万死以取天下，勋臣第一，生封公，死封王，男尚公主，亲戚拜官，人臣之分极矣。……使善长佐胡惟庸成，不过勋臣第一而已矣，太师国公封侯封王而已矣，尚主纳纪而已矣，宁复有加于今日？且善长岂不知天下之不可幸求？当元之季，欲为此者何限，莫不身为齑粉，覆宗绝祀，能保首领者几何人哉？善长胡乃身见之，而以衰倦之年身蹈之也？

说这段文字精彩，其精彩唯在于，它揭出的全是人人能够想得到的一点常情常理。李善长当年冒万死，才有了后来他在新朝中的地位，他已经是勋臣第一，得到了“公”的爵位，儿子当了驸马，亲戚都当了大官，一个臣子做到了这一步已是顶点。如果他像别人指控的那样，辅助胡惟庸谋反成功，他又能到哪一步？充其量不过仍是勋臣第一，能超过他现在已得到的一切吗？何况，李善长又不是小孩子，他难道不知，取天下不是一件那么容易的事情？元末大乱中，起来争天下的人多了，除了您朱皇帝，不是都灰飞烟灭了吗？这些李善长当年都曾目睹和亲历，他怎么可能在即将“翘辫子”的高年，却非要去冒这种危险？

解才子真是大手笔，驳论痛快淋漓。对此，朱元璋有何反应呢？史书上说：“太祖得书，竟亦不罪也。”

按照常规，既是钦定的大案，是绝不会容忍异议，更不用说翻案了。朱元璋此处的沉默就显得有些意味深长。也许，是同样处于衰朽之年的朱元璋，想起了什么？

李善长狱案出自圣裁，而罗织最有力者则是当时的左都御史詹徽，《明史》本传说詹徽“性险刻，李善长之死，徽有力焉。”他出任左都御史是从洪武十七年（1384）到二十三年（1390）五月，李善长及其家口七十余人在五月坐诛后，六月，他就登上了左都御史兼吏部尚书的宝座，洪武二十五年（1392）加太子少保。二十六年（1393），蓝玉案发，“詹徽受命鞫蓝玉，玉不肯服。徽叱玉吐实，无徒株连人，玉大呼‘徽即吾党’，遂并杀徽”。《明史》下了个结论，“徽好窥上旨，终及于祸”，字里行间居然颇有一点幸灾乐祸的意思。

套用一句老话：天道好还，报应不爽。

第四节 废相与“自虐式勤政”

勤勉是一种美德，但也要因人而异，因事而异。

就皇帝而言，因为懒散者居多，物以稀为贵，勤勉的皇帝自然容易赢得赞美和歌颂。但假若一个皇帝的所谓“勤政”到了自虐般的程度又会如何？在下意识地赞美和歌颂之前，是否还需要稍作思量？

因“勤政”而伤身的朱皇帝

在中国古代皇帝系列中，朱元璋可能是最勤勉的一个。吴晗先生所著的《朱元璋传》曾评价说：“朱元璋用全部精力、时间，管理他所手创的朱家皇朝”，又绘声绘色地描述道，朱元璋“每天天不亮就起床办公，批阅公文，一直到深夜，没有休息，没有假期，也从不讲究调剂精神的文化娱乐”。吴晗还统计了朱元璋的工作量，“平均他每天要看或听两百多件报告，要处理四百多件事”。这些介绍一点儿都不夸张，从《明实录》和其他史籍中，关于朱元璋勤政的记载可谓比比皆是。朱元璋死之前，遗诏曰：“朕膺天命三十有一年，忧危积心，日勤不怠，务有益于民。”“忧危积心，日勤不怠”，这是大实话，可是称勤政的目的是“务有益于民”，就只能让人莞尔了。

朱元璋的勤政给其身体带来了严重损害，如吴晗所说，“他以全副精力处理国事，过分紧张疲劳，五十岁以后，体力便支持不住了，害了心跳很快的病症”。一个人的勤勉，居然到了伤身的地步，而且这个人还是富有天下、口含天宪的皇帝，这是一件值得玩味的事情。对此，人们的第一反应当然是大加称赞，勤勉总比懒惰好，哪怕是为了家天下，一个勤政的皇帝也是个好皇帝。

然而，细细考究，朱元璋自虐般的勤政，其中的是是非非，还真的一言难尽。

首先得问，一个皇帝，如此自虐般的勤政，有无必要？在中国古代的政治架构中，皇帝盘踞在金字塔尖顶中，在他的下面有多个分支，如果总是越过多个层次，直接从尖顶插一竿子到底，其运转效率之差是可以想见的。事无巨细，均要亲自掌控的朱元璋就犯了这个管理学上的大忌。他虽是历史上最勤勉的皇帝，却未成为最成功的皇帝，这是一个很重要的因素。

其次，应该追问这种自虐式的勤政，究竟给当时的政治和社会带来了什么样的影响？要说正面效应，自然也是有的，那就是在皇帝的严密监控下，官员们会克制和谨慎一些。但相形之下，负面效应也委实可观，且发人深省。大权独揽，小权不放，皇帝和官僚队伍之间的基本信任荡然无存，这样的政治生态中，只能诞生消极、敷衍、只求无过的平庸官吏。终洪武一朝，除了开国功臣，几乎没有治世之能臣，颇能说明问题。

另外还必须注意，朱元璋的勤政，是其抓权、废除丞相后的一种不得不然。也就是说，这种自虐式的勤政，不仅并无必要性，而且本来就是朱元璋想要的结果。孔子说：求仁而得仁，又何怨？那么针对朱元璋的自虐式勤政，我们也可以说：求自虐而自虐，又何怨？

关于朱元璋的废相，清初著名思想家黄宗羲在《明夷待访录》有一个直截了当的评价，“有明之无善治，自高皇帝罢丞相始也”。近人钱穆先生则认为，“中国传统政治，到明代有一大改变，即是宰相之废止”。他们为什么会这么说？这就需要对明以前，宰相在中国权力结构和政治生态中的作用，有一个基本的了解。

中国历史上的宰相

钱穆先生有一个颇惹争议的观点，他认为，一部中国史，并不能笼统称为一部皇帝专制独裁的历史。他的这一观点，曾被很多人认为是对中国传统政治的美化，大加讥评。在我看来，批评钱穆的人，并没有透彻了解其意见。

其实钱穆在《中国历代政治得失》一书中已经说得很清楚：“倘使我们说，中国传统政治是专制的，政府由一个皇帝来独裁，这一说法，用来讲明清两代是不差的。”按钱穆的意思，明清两代的确处于皇帝专制独裁之下，而在明以前，却并不尽然。而钱穆之所以得出这样一种判断，很大程度上就是因为明以前有“宰相”的存在。

不妨撮述一下钱穆关于宰相的观点。他认为，在明以前的传统中国，皇室和政府之间是有一种职权划分的。世袭的皇帝是政治领袖，是国家的元首，象征国家的统一，而宰相则是政府的领袖，负政治上实际的责任。

支持钱穆这一观点，在史料中找一些依据并不困难。“宰相之职，无所不统”，这是明见于正史的原话；汉哀帝在一道诏书中也明确给丞相的功用进行了定位，“丞相者，朕之股肱，所与共承宗庙、统理四海，辅朕之不逮，以治天下也。……秉社稷之重，总百僚之任”。所谓“秉社稷之重，总百僚之任”，显然也是认为，受皇帝所重托，在政府里负实际责任的是宰相。

作为负政治实际责任的宰相，对皇帝当然是有一定制衡作用的。宰相如果认为皇帝言行不当，可以“谏诤”，而最激烈的对抗，则为“封还诏书”与“不肯平署”两种。所谓“封还诏书”，就是皇帝下一道诏书命令政府办理某事，而宰相认为不可，则可将诏书径直退给皇帝；所谓“不肯平署”，就是臣下有所奏请，皇帝已认可，转给宰相时，如果宰相不赞同，则可以拒绝签字。

相权对君权的制衡，乃至二者的冲突，史书上并不鲜见。汉哀帝时欲给几位外戚封侯，宰相王嘉即封还诏书，并对皇帝讲了一通“王者代天爵人，尤宜慎之”的大道理，简直近于训斥，皇帝对此也没有办法；汉文帝宠爱邓通，邓通仰仗这一点，对宰相申屠嘉“有怠慢之礼”，申屠嘉退朝命令邓通到丞相府来拜见，不来将要杀他。邓通向皇帝求情，文帝说：丞相召见你，无论如何你还是先要去啊，去了我再召你回来吧。邓通到了丞相府，“免冠（取下帽子），徒跣（光着脚），顿首（磕头）”，向申屠嘉请罪，申屠嘉不肯罢休，邓通以头抢地，碰出血来了，申屠嘉还是不松口，正好文帝派来救邓通的人到了，不过并非我们通常想象的那样，命令申屠嘉马上无条件放人，而是先代皇帝道歉，然后传达皇帝的话："此吾弄臣，君释之。"邓通回到文帝身边，哭着说：我今天差一点就没命了。文帝对此也只能给予安慰，并提醒他今后对丞相不能失礼。

以帝王之尊，几乎不能保自己宠幸的弄臣，于此可见丞相之地位和尊严。然而，君权是天生喜欢扩张的，纵观历史，相权得到皇室较好尊重，能够发挥较好作用的，似乎只有汉代。汉代以下，相权逐步被侵削，这是一个总的趋势。比如唐代，就对相权进行了分割，中书省、门下省、尚书省，这三个机构的职权才相当于汉代一个宰相的职权。到了宋朝，相权较唐朝更加低落，军事、财政、人事三权都被分割了。相权低落的另一面，当然就是君权的提升。

不过，话虽如此说，宰相一职在传统政治权力结构中，究竟具有举足轻重的作用。宰相的权力无论受到多少侵削，他毕竟还是百僚之长；因为传统政治文化的制约，一个对社稷、宗庙还有点责任感的君王，就仍然会对宰相表示相当的优礼和尊崇。

权力削弱后的宰相，再被称为政府的领袖当然已经有些名不副实，但我们说他是对皇帝负最大责任的事务官之领袖应该还是适当的。一个朝代有了贤相，未必一定能够成为升平之世，但如果没有贤相，这个朝代却绝对无法让百姓鼓舞。宰相的作用于此可见一斑。

一个拥有相当权力的宰相，对君王的集权必然是一种障碍。如果这个君王的权力欲非常旺盛，则君权和相权的关系肯定会紧张起来。如何解决这种紧张？历史上固然出现过所谓"权相"，权倾人主，但更多的，是君权恣肆，甚至可能还会掺杂宰相的流血。

尽管存在这种紧张关系，但君王们囿于传统政治文化的影响，似乎都还没有想到将相权连根拔掉的高招，否则，置“天下者，非一人之天下”这样的圣贤名言于何地呢？想出这一高招的，是没怎么读书，也基本没有观念束缚的朱元璋。

贪权者的现实窘境

朱元璋即帝位后的第十三年，以谋反罪诛丞相胡惟庸，并立即宣布废除已有一千五百多年历史的丞相制度，还以“祖训”的形式告诫子孙不得恢复，说“臣下敢有奏请设立者，文武群臣即时劾奏，将犯人凌迟，全家处死”。

胡惟庸案的实质是君权与相权的斗争，说到底，这个权力欲极强的君王，最担心大权旁落，只有在他把所有权力都紧紧握在自己手中时，才会有一种安全感，他不能容忍在他之下，还有一个地位和权力凌驾于众臣之上的人，他认为这样一个人物，不论他曾经对自己有过多少忠诚的表白，都是隐藏的威胁。

朱元璋杀掉胡惟庸，废除了原来政府的中枢机构——中书省，将中书省和宰相的职权分散给六部，这样一来，原有的行政首脑——宰相不复存在，六部及其各自的长官六部尚书，就变为直接对皇帝负责了。也就是说，这个时候的皇帝，已不仅仅是政治领袖，掌握最高决策权，而且还成为领导政府日常工作的行政首脑，国家政治、社会生活的方方面面，臣下都必须向他禀报，由他亲自裁断。就这样，朱元璋“躬览庶政”，“收天下之权以归一人”，皇权前所未有地急剧膨胀起来，以往传统政治结构中相对独立于皇权，对皇权具有一定制衡作用的力量均被置于皇权的绝对控制之下。

朱元璋废相，满足了其垄断权力的欲望，自认为这对朱家天下有利，但问题也接着来了。

一个政府，特别是在中国这样辽阔的土地上，它的政务和日常事务是千头万绪，一个人对此硬要“事皆亲决”，臣下只是领旨照办，这个人怎么应付得过来？

于是我们看到了一个贪权者的现实窘境：因为死死抓住权力不肯放手，事事都要亲自处理，朱元璋尽管起早睡晚，勤勤恳恳，仍然忙不过来，单是看臣下如小山样的奏折这一项工作，就够他喝一壶的。而且朱元璋虽然是个自大狂，但在处理王朝各种事务的过程中，还是觉得应该有些智囊才对。《明史》上说：朱元璋废相后，“又念密勿论思不可无人，乃建四辅官，……诏天下举贤才”。

看《明史》的记载，这个“辅官”是一个奇怪的职位。他们的职责是为朱元璋讲治论道，与政府官员共同处理某些事务等等，但显然又是不具备裁断权的，究其实，只是一个参谋班子。而且即使是没有什么权力的参谋班子，朱元璋也未能挑选精干之人充任，估计是怕他们逐渐揽权，动摇他的绝对控制，所以这四位辅官“皆老儒，起田家，淳朴无所长”，很难在处理政务和事务上发挥什么实际的作用。不久，朱元璋又不得不下令废除四辅官，此后也未重设，其中一个辅官王本还因故被诛。

朱元璋洪武十三年（1380）正月废丞相，该年九月设四辅官，不到两年又将这一职位废除，组建参谋和顾问班子的问题还是没有解决，洪武十五年（1382）十一月，他又想出了新的办法，就是仿照宋朝的制度，设置“殿阁大学士”，这也是后来“内阁”的滥觞。不过，宋朝的大学士都是给做过宰相的人加上的荣誉衔，象征朝廷对他的特别恩宠，而朱元璋征聘的大学士，负的是顾问之责，品阶却很低，最高的也不过正五品。品阶和威望都不够的人，能发挥多少参谋作用呢？所以，史书上说，虽然有了这样一个表面的顾问班子，朱元璋还是“自操威柄”，其顾问班子于军国大事“鲜所参决”，几乎等于一般的侍从人员。

从朱元璋设置四辅官和殿阁大学士的动作中，我们可以窥出他的尴尬。

虽然自认是“天纵之圣”，在经营朱家王朝时也的确殚精竭虑，勤勉得很，但人到底不是机器，精神和精力总有一个限度。既是最高决策者，又是行政首脑的朱元璋处理起政务事务来，也难免有力不从心的时候，仍然需要通过建立顾问班子来寻求臣下的帮助，但他骨子里对满朝文武又是不信任的，所以，他一方面不得不设置“四辅官”“殿阁大学士”这样一些近似幕僚的岗位，希望他们替自己分担一些职责，可与此同时，他却又贪权恋权，生怕这些权力一旦下移，会对其统治带来不稳定。这里就有了一个悖论，你征聘顾问是为了帮助自己处理一些政务和事务，然而却又不肯授予一定的权力，势必使这些顾问无法发挥作用，你的初衷又如何实现呢？

朱元璋希望废除宰相后，人主大权独揽，这样有利于朱家王朝的长治久安，并告诫子孙永远遵照他的这一妙法，其算盘是打得蛮好，可惜他忽略了一点：虽然是“龙种”，他的后代，是否都能像他这样精力旺盛，而且对经营王朝这么肯费心思？事实证明，明王朝的初期，倒也不乏朝乾夕惕的“雄主”和“贤君”，越往下，则明显是一蟹不如一蟹，甚至有的十几年躲在深宫里不愿上朝处理政事。君主的慵懒，再加上下面没有一个握有足够权力的宰相（明朝的内阁大学士和过去的宰相仍有很大距离），能够在君主慵懒的情况下保证国家正常运转，国事日坏就是必然的了。

在中国传统政治文化里，人们并不认为政权应该专属于皇帝一人及其一家，所以，早有“天下非一人之天下”的名言，北宋时期的一个宰相文彦博则对皇帝放言，君主是在“与士大夫共治天下”。比较贤明的君主也是认可这一点的，贞观四年（630），唐太宗总结隋亡的教训时说：隋亡的根子其实不在炀帝而在其开国之君文帝，隋文帝不肯信任官员，“每事皆自决断，虽则劳神苦形，未能尽合于理”，而臣下有正确的意见也不敢直言，这是隋朝开国未久政治即大坏的根本原因。唐太宗将此作为一条深刻的教训来汲取，后来宋真宗也曾经感慨：“天下至大，人君何由独治也？”

而喜欢动不动拿历史来观照现实的明太祖似乎对这一切都无动于衷，他所念念不忘的，是权臣乱政，仿佛他稍一放权就会出现马上要夺他天下的权臣似的，究其实无非是私心作祟。他认定天下就是他一个人的，是他朱家的，除了他和他的家族，权力中心中不应该有其他任何个体和群体的位置，他所要的，就是独治天下。

唐太宗感叹隋文帝“虽则劳神苦形，未能尽合于理”，现在，明太祖为了国事腰也酸了，背也驼了，按他自己所说，天不亮就起床，到半夜才安息，还经常睡不着觉，我们该说什么才好呢？

于是，我们不得不回到一个根本性的问题，朱元璋自虐式勤政的本质是什么？一句话：君权空前膨胀的产物。历史发展到了朱元璋这里，他不相信任何人，不能容忍原本已足够强大的权力留下丝毫缝隙，大大小小的政务事务除非紧紧捏在他自己手里，绝不会有安全感。这是历史的倒退，而没有丝毫进步的气息。

朱元璋因勤政而伤身，坦率地说，对此我只有两个字的评价：活该。

第五节　以猛治国："猛火烤羸羊"

中国人喜欢把治国比作做菜。老子早就说过，"治大国若烹小鲜"，又有一句成语曰"调和鼎鼐"。如果用做菜来打比方，在传统观念中，治国的最高境界是什么？我觉得有些像"文火煨肥羊"。古人认为"民"可以当作"羊"来放牧，所以统治者把治民叫作"牧民"，但给羊一定的自由，让其吃草，最终还是为了炖它。然而，怎么个炖法，就有高下之分了。上乘的即是"文火煨肥羊"，先把羊养肥，然后以文火悠悠地烘，务使其鲜美尽出，而且被炖的也没有什么痛感，不知不觉间就成了佳肴。而对于治国技巧很差的，我称之为"猛火烤羸羊"。羊本身尚未养肥，就架到锅里一顿狂烘猛烤，只闻一片沸腾，最后吃当然也无妨，色香味却全未出来，白白浪费了。

"文火煨肥羊"，就是中国传统政治哲学中所说的"宽猛相济"。假若运用"宽"和"猛"的标准进行讨论，则朱元璋当政的洪武朝无疑会给人留下"猛"的印象。这并不是对他吹毛求疵，他本人也并不讳言这一点，而且直陈"猛"就是他追求的目标。他总结包括元朝在内的历代政治得失时，一则曰"历代多因姑息，以致奸人惑侮"，又曰："胡元以宽而失，朕收平中国，非猛不可。"

洪武朝的四大案

洪武朝的所谓“四大案”，从审判到最后结案，都有“法外用刑”的影子。

四大案，分别指胡惟庸谋反案、蓝玉党案、空印案、郭桓案。胡惟庸谋反案、蓝玉党案，前面已有详述，即使事主胡惟庸和蓝玉死有余辜，网罗进去的五六万人也多半死非其罪。这里再来看一下空印案和郭桓案。

空印案发生的时间，《明史》上说是在洪武十五年（1382），但因为事件复杂，追溯由来也有人将其定在洪武八年（1375）或九年（1376），各有道理不必纠缠。重要的是了解此案先要知道明朝的财政管理制度。明王朝规定，每年年底，天下府州县的财政收支账目，要一级一级向上核校，府州县核对好了，到省级机关布政司核对，布政司再派员到京师主管财政的户部审核，户部掌握的数字必须与各省布政司收支款项相等，各布政司又必须与下辖各府收支款项完全符合，只有这样，才能核销账目，若数字略有参差，整个表册就要被驳回，需要重新填造。这个办法可以较好地防范虚报滥报，但也有一个非常现实的问题，各省布政司机关都离京城南京很远，有的更达近万里，在古代交通不发达的情况下，如果账目一次没通过，需要回省布政司衙门重填表格重盖大印的话，来回一趟往往得花一个多月甚至一年的时间，势必错过报账的日期。为了减少来回奔波的麻烦，在当时衙门中形成了一个习惯，即各省来报账的官员事先带上已盖好官印的空白表册，以备重填重报。大家都没认为这个习惯有什么不好，而且空白表册上的那个印是所谓“骑缝印”，即在几张联单的交接处盖印，除了向户部报账外，并不能作别的用途，也就是说没有利用这个官家大印以谋私利的可能。可是当洪武八年(1375)，朱元璋偶尔得知此事后，却大发雷霆，认为其中一定有严重的舞弊行为，当即下令将户部尚书（相当于今之财政部长）和各地方衙门长官一律处死，副职打一百大板后，发往边远地区充军。

朱元璋如此处理空印案，有没有什么道理呢？当代一位教授在央视《百家讲坛》上就说朱元璋做得对，因为钱粮的数字关系到户口和赋税，是国之大计，不能允许出现一点纰漏。老实说，我觉得这位博导的水平还比不上一位古人。当时在朱元璋雷霆之下，群臣噤若寒蝉，只有一个叫郑士利的人，因为其兄受此案牵连入狱，乃冒死上书，他说了两个意思：一是指出这个印章并不能作其他用途，即当事人无法舞弊的事实；二是说国家司法，先要有法才行，有法，人们违犯了，才能惩罚，过去本朝没有“空印律”，现在突然要将盖了空印的人杀头，怎能叫犯人心服？郑士利在这里几乎等于直言朱元璋是在搞“法外用刑”，说理非常透彻，可惜一点用处也没有，郑士利本人也被罚为苦力。

其实，空印案之所以会发生，与其说是朱元璋唯恐官吏害民，不如说缘于他骨子里对官僚集团的不信任，害怕他们侵蚀自己的统治基础。空印案死了上千人，其中很多都是清廉之士，如后来被朱元璋之子明成祖朱棣灭了十族的方孝孺，他的父亲方克勤是当时著名的清官，也无辜死在了空印案中。

再看郭桓案。郭桓是洪武十八年（1385）的户部侍郎（相当于财政部副部长），这一年有人告发郭桓利用掌管钱粮的职权，和其他官员串通舞弊，侵盗官粮。朱元璋下令追查，牵涉到多名部级高官，其中有礼部、刑部的尚书，兵部和工部的侍郎等多人，又层层往下追查，被杀者高达数万人。受牵连的不仅有官员，还有各省地主绅士，杀头的杀头，财产充公的充公，史书上说经此一案，“天下中产以上人家破产大半”。

从史籍上看，郭桓和部分官员贪污是有确凿证据的，他们罪有应得，但一起贪污案，竟牵连各省，使数万生灵殒命，实在是说不过去的。就是朱元璋本人，也意识到打击面过大，不得不在最后抛出主审郭桓案的官员，把他们也杀头，作为对沸腾舆论的一个抚慰。如果这个贪污案真是铁案如山，并无冤滥，那么主办的官员应该受到嘉奖才对，又怎么可能会有这样一个戏剧性的结果？

无论是空印案还是郭桓案，我们都可以看出朱元璋以“猛”治国的突出特点，那就是为了防范可能的积弊，哪怕这个积弊只存在于他臆想中，他都要使用最残酷最严密的手段，防患于未然。“宁可错杀一千，不使一人漏网”，这样一句名言，朱元璋早就是它的实行者。说到底，还是缘于他对生命的不在乎。

刀锋之下，众生“平等”

从底层走出来的朱元璋，亲眼看到了官吏上下其手，人民不甘荼毒被迫揭竿而起的惊人一幕，使得他坐上龙庭后，不得不认真思考防止重蹈覆辙的路径。经过他对元朝吏治的观察，他自以为找到了，就是以严刑峻法来约束官吏。

在历史上，朱元璋不仅以“仇富”出名，也以“仇官”出名，官员只要违反了他亲手定的法律，都很难逃脱。且看他是怎样处理自己女婿，驸马欧阳伦的走私案的。

过去边疆少数民族地区不产茶，但茶又是他们喝奶制品后解腥膻的必需品，历代中央政府为了便于控制和交换自己急需的马匹，于是双方开展茶马互市交易。因为事关重大，所以，茶向来被作为重要的战略物资，由官方牢牢掌控，严禁私自出口。这种重要物资的专卖专营制度，在中国历史上是常例，也有一定的合理性，但除了茶，明朝被国家控制的商品越来越多却明显是一种历史的倒退，因为政府垄断的资源多，民间发展就会受到很大阻碍，也不符合商品经济日益活跃的社会趋势。另外，政府强制性的专营专卖，又必然会给私人贩运留下巨大的利润空间。觊觎者中就包括朱元璋的女婿欧阳伦。他是安庆公主的丈夫，安庆公主的母亲是朱元璋最敬重的马皇后，欧阳伦仗着这层关系，让其手下走私茶叶，而且非常嚣张，面对盘查的地方官员，任意捶楚。洪武三十年（1397），朱元璋得知这个情况后非常气愤，毫不犹豫将欧阳伦处以死刑。

这样一个为整肃吏治大义灭亲的事件，加上朱元璋平日“仇官”的言行，很容易让人得出一个印象，即朱元璋的以“猛”治国也好，法外用刑也罢，其矛头主要是针对官僚集团的。孟森先生在他的《明清史讲义》中的观点可为代表，他说：“太祖之好用峻法，于约束勋贵官吏极严，实未尝滥及平民，且多惟恐虐民”，“太祖用刑颇酷，……惟所刑皆官吏，而非虐民，斯为承大乱之后，得刑乱重典之意，虽非盛德事，而于国本无伤，亦且深有整饬之效也。”“民权不张之国，不能使官吏畏法，则既豢民膏，复以威福肆于民上，假国宠以殃民，即国家养千万虎狼以食人耳。”

孟森先生表达了三个意思：一、朱元璋的严刑峻法和法外用刑不仅未尝滥及平民，而且他还“惟恐虐民”；二、明朝政权建立在元末乱世之后，乱世不得不用重典，虽不属于盛德事，但也“于国本无伤”；三、要伸张民权，不得不使官吏畏法，以严刑峻法加以约束。

撰《朱元璋传》的吴晗先生也认为，元璋“诚然过于严酷，过于残暴，可是也有个分野，他用一条线来划分，一边是有势力有钱的，一边是被欺侮的穷人。他的严酷和残暴，似乎专用以对付‘有’的阶级，对于‘无’的穷人，他使用另一种态度，另一种方法”。

观两位前辈史学家的意见，不能不让人生出一些疑问。诚然，要伸张民权，就须约束官吏，可是这种约束应该是照章而行，像朱元璋这样，常常于法外滥施淫威，妄加诛求，怎么能使吏治回归正轨，又怎么能算常法呢？更重要的，朱元璋的严刑峻法和法外用刑，其刀锋难道真的未尝挥舞到平民的头上吗？恐怕不能这么认为。

据《万历野获编》所记，洪武二十二年（1389），朱元璋发布了这样一道圣旨：“学唱的割了舌头，打双陆的断手，蹴园者斫脚”。“打双陆”就是玩棋，“蹴园”就是踢球，不过都是民间的一种游戏而已，而现在居然要受到如此惩罚！

因为对朝廷苛法不满，为躲避徭役，或不被朝廷征用，当时民间兴起了一股自残身体的“热潮”。仅史籍上记载的，就有福建沙县百姓罗辅等十三人自断手指，贵溪县儒士夏伯启叔侄二人“各截去左手大指”，按说面对这种怪现状，在上者应该怀着一颗悲悯之心，反躬自省，并立即改弦更张才对，可是朱元璋却指控这些可怜的人“去指不为君用”，不仅不孝而且不忠，当事人枭首（枭首是砍头后还要挂起来示众，比单纯的杀头更为残酷），家庭中成年男子被杀头，妇女被赶到边远的地方。

到了朱元璋的晚年，他又制定了一种特种刑法《大诰》，更标志着他的法外用刑到了新的高峰。

即使是专制王朝，也是要讲究法度的，只是这法度仅仅代表皇族和大官僚阶层的意志罢了。一旦法制建立，一般都不可逾越，否则就是自坏其法。而朱元璋的《大诰》，就是公然在他自己规定的《大明律》之上，又将他个人的意志凌驾其上。而其意志的典型特点，就是不顾常法，一意孤行，滥施淫威。

杨一凡先生比较过《大明律》和《大诰》，他发现后者在定罪上，明显要比前者严酷许多。如明律中原来规定，在一种敬老尊贤的“乡饮酒礼”上，把宴席的次序弄乱的，打五十大板，而到了《大诰》，则这个人的全家都必须被赶到边远的地方。朱元璋下令百姓对他的《大诰》要人人诵习，要求官员以此为标准审判案件，而且据说犯人能背《大诰》的，还可以减轻处罚。如此一来，《大诰》简直成为“太上法”，那明文规定颁布全国的《大明律》还有什么用？朱元璋显然对这些问题都没有考虑的兴趣。

打屁股的病态美学

朱元璋以猛治国下的法外用刑带来了什么？

不能不肯定，在霹雳手段的威慑下，与元末相比，吏治有相当程度的澄清。当时的官员们惶惶不能终日，经常是上朝前先要跟家人道别，说今天去了，不知道能不能活着回来。如果晚上平安到家，就互相庆幸好歹又活了一天，明天还不知道怎么样呢。在这样一种恐怖的氛围中，官员们畏法守身是理所当然的。但明初吏治好到了什么程度，对此也应该有一个清醒认识。清朝人所编的《明史》里头有《循吏列传》，用来记载清官的嘉言懿行，修史者感叹说，洪武朝官员大多洁己爱民，所以吏治焕然一新。此语值得推敲，如果洪武朝的吏治真的好到了这个程度，那上述的副部级高官郭桓贪污窝案，为什么还会在朱元璋眼皮底下发生？

所以，我们说朱元璋的威猛，使吏治有所好转，但其程度应该是有限的。而其厉行威猛的负面效果，并不能忽视。

要论这种负面效果，一个首要的问题是，不论是官员还是平民，一个人人自危的社会是不是一个正常的社会？这个问题，在今天应该无须多说了吧。

其次，朱元璋依据个人一己喜怒，任意法外用刑，给中国历史留下了浓重的阴影，特别是他首创的“廷杖”，更严重摧残着士气，影响着知识分子的风尚。

“廷杖”，也就是当着文武百官的面打大臣屁股，被明清史专家孟森先生称为“明代特有之酷政”。

按现在人的想法，打屁股，总比杀头掉脑袋强多了，怎能算什么特别的酷政？这就是时代的差异了。昔日的读书人讲究“可杀不可辱”，即使犯法，白刃加颈，也比在众目睽睽之下被公然羞辱强。这种旧式士子的观念，讥其迂腐也好，说它是一种气节也罢，都是一种客观存在，在中国历史上的大多数时候，包括专制君主在内的大多数人也是尊重这个客观存在的，所以中国法制史上有“刑不上大夫”之说。后来人们常常以“刑不上大夫”作为专制王朝统治阶级大搞特权不受法律制约的活证据，殊不知此处的“刑”特指肉刑，它并不表示官僚阶层犯了法也会被豁免。刘基曾经对朱元璋说：“古者公卿有罪，……请诣室自裁，未尝轻折辱之，所以存大臣之体。”一般不对读书人动刑，可以说正是昔日特有的砥砺名节、蓄养士气的一种良法。

可是朱元璋偏偏就喜欢折辱读书人，动不动就要在大堂之上打臣子们的屁股。比如一个叫茹太素的大臣，给皇帝上书议论时政，其中批评朱元璋的苛法使“才能之士，数年来幸存者百无一二”，惹怒了朱元璋，当即在朝堂之上噼噼啪啪打起了板子。工部尚书薛祥，这是正部级高官，不知道犯了什么事，活活被杖死。这个人是一个好官，他死后，“天下哀之”。

朱元璋廷杖大臣，开了个很不好的先例，他的后代们虽然没有其治国的手腕，但羞辱读书人的爱好却始终如一，嘉靖皇帝一次就可以杖死十几名大臣，可见一斑。

朱元璋为什么这么喜欢打人屁股？有人归咎于造物主，不是曾有论者认为人之有弯曲的膝盖，就是为了下跪吗？依此推理，人之有屁股天生就是为了让人打的。但这种奴才的逻辑估计越来越难以得到认同了。那么我们就从心理上分析吧。据我看，朱元璋的爱打大臣屁股，并不仅仅是性格暴虐使然，更由于其过分敏感、极度自尊而又自卑的一种心理在作祟：没有受过诗书教育的朱皇帝就是要让心高气傲的读书人难堪。明代历史上大臣之受杖责，多半时候是因为劝谏，劝上一两次皇帝老儿就烦了，就要打你屁股，可是居然就是有人不怕挨打，又接着劝谏，被打屁股者一时前赴后继。

“打屁股”，这样一个动作里，实在有微妙的心理因素存焉。主体——打人者，无疑是在享受征服和羞辱别人的快感；客体——被打者，一个接着一个，排队等着打屁股，这又是为了什么？你可以说这是旧式士子那种“致君尧舜上，再使风俗淳”的使命感，驱策着他们敢于批君王之逆鳞，敢于正视这淋漓的鲜血，自有道理，但如果这是唯一的原因，我是不信的。《明史》记载，万历年间有一个大臣赵用贤因为批评张居正而被杖责，肉腐烂溃落，其妻把掉落的肉腌制以后精心收藏起来，作为纪念。在这样奇特的纪念品中，蕴藏着一种怎样的奇特心理？“打屁股”，主体意在羞辱，而客体却偏能变羞辱为光荣，以致几块腐肉也成为具有独特美学意义的符号。而且这种心理还不仅仅是受杖者个人及家属的，史书明载，一个官员如果无辜被杖，就几乎等于有了一页浓墨重彩的光荣史，终身令人倾慕，天下以为至荣。这样一种效果，惯施淫威的专制君主们可曾料及？

打屁股，打出一种美学，不过这当然是一种病态的美学，也是病态社会下的一种病态心理。

朱元璋"猛火烤羸羊"，其以猛治国下的法外用刑，一度在身后得到了纠正。他的皇太孙，即建文帝在即位诏中宣布：以后断案只能依据《大明律》，不要深文周纳，实际上等于明确宣告废除朱元璋当作宝贝的《大诰》峻令。可惜，比较仁厚的建文帝不久被其叔父、另一个和朱元璋相似的雄主朱棣推翻，中国历史又拐进了一条曲道。

第六节　朱元璋的反贪困局

明太祖朱元璋之所以在后世还有颇好的口碑，其中一个重要的因素是他对官吏非常严厉，而既然大力约束官权，则在许多人心目中，民权自然就能出一头，老百姓就能过上好日子了。明中叶的著名清官海瑞就曾经非常仰慕地赞叹，说明太祖对鱼肉百姓的官员不惜施以惨刑，百姓得以安居乐业，是历史上的“千载一时之盛”。直到 1955 年，吴晗先生仍然不无称赞地讲道：“朱元璋下定决心，随犯随杀，甚至严厉到不分轻重都杀，对贪污的减少是起了作用的，对人民有好处，人民是感谢他，支持他的。”

对上述论断，有几个问题值得一说。朱元璋对待官僚队伍十分苛酷，原因就在于怕这些人上下其手，贪污、害民，而在他看来，这简直就是在挖他王朝大厦的墙脚，非痛下辣手不可，所以，洪武一朝，“无几时不变之法，无一日无过之人”，的确是中国历史上反贪最为严厉，杀戮贪官污吏最多的时期，而朱元璋也堪称最恨贪污、处置贪污最不留情的皇帝。但是，朱元璋反贪的效果如何，是不是完全只有积极意义，还大有讨论的余地。

首先，朱元璋大力约束官权，能不能说就意味着民权的扩张，并由此使百姓安居乐业？其次，朱元璋的反贪虽然足够铁腕狠辣，但是否就从根本上遏制了官场上的贪污腐化之风？面对这些问号，我们对朱元璋的反贪，自然无法单纯给予掌声。作为一个现代人，在道德评判之外，更应该思索的是：朱元璋真心反贪，其手段又如此严厉，为什么最终还是陷入了一个宿命的困局？

刑杀以安教化

朱元璋反贪，放在那个时代来说，几乎已穷尽其技。

他可以放低身段，对官员晓之以理动之以情。洪武初年（1368），各地府、县的官吏来朝，他对这些手握百姓身家性命的人说：现在天下新定，老百姓生存惟艰，就像鸟儿初飞和树苗刚栽下去一样，你们可不要拔鸟的羽毛和撼动树根啊。这是诱导官员激发“天良”，希望他们不要逼百姓太狠，以免重蹈元王朝覆灭的命运。

朱元璋并非只会杀人，他一样擅长对官员做思想工作。他曾经打过两个比喻，一曰“今汝俸禄，有如力田”，二曰“守俸如井泉”，意思是国家的俸禄，相比于贪污得来的横财，当然少了点，可是好在“岁享其利，无有已时”，而贪污所得，一旦事发顷刻立尽。他在廉政教育上也煞费心机，洪武二十五年（1392），他命户部备录各品级文武官员一定的禄米数，并据稻谷出米率换算成用谷数，又写明田亩的粮食产量和付出劳动的多寡，汇为一书，命名为《醒贪简要录》。官员们从朝廷里领的禄米，费谷多少石，种田的农民又会付出多少劳动，一目了然。太祖希望用这样真实的数据教育官员，诱启他们的恻隐之心。这本《醒贪简要录》也许是最早的“廉政教材”。从这本“廉政教材”和两个比喻中，颇能见朱元璋的苦心。

当然，朱元璋最为人熟知的，还是对贪官的残酷打击。当时官吏贪污钞六十两以上，就要被处死，贪污八十贯则处以绞刑。他在处理贪污案件时，又往往法外用刑，创设了诸如在脸上刺字、断脚筋、挑膝盖、剁指、断手、刖足、阉割、抽肠、剥皮等很多不载于法律的酷刑。据野史记载，当时各地都特建一庙，专门作为剥皮的场所，谓之“皮场庙”，贪官被押到那里，先砍下脑袋，挂到旗杆上示众，再剥下人皮，往人皮中塞满稻草，成为人形，摆在衙门里，作警示之用。更要命的是，朱元璋反贪，喜欢大搞株连，一个案子事发，常常要因此倒下一大批官员，像有名的户部侍郎郭桓贪污一案，牵连其中而丧生的高达数万人，真正是“杀人如草不闻声”！据说长期在恐怖氛围中讨生活的官员们看出了一点朱元璋喜怒的规律，哪天朱元璋的玉带被按在腰下，便是大开杀戒的信号，这根带子到了胸前，官员们就可以松一口气了。如果这个信号十分准确，如果某一天人们又看到了这个信号，我实在难以想象，当时站在朝堂之上的人会是一种怎样的心理，这就好比我们很难揣摩待宰的羔羊会是何种心理一样。

以刑杀辅助教化，大肆屠戮，无疑会对官僚阶层形成很大的震慑作用，但也带来了严重的后果。首先是使知识分子视入仕如畏途，有的宁愿毁损肢体也不愿为官；其次是其中积累了很多冤案，朱元璋的反贪有时候全凭捕风捉影，而这些风和影，他是宁信其有不信其无，照样大开杀戒，对那些冤魂，我们当然不能因为他们是官就一律称赞杀得好。

民拿害民官吏：制度突破的一点星火

提起反腐，现代人常会把“制度建设”四字放在嘴边。有人撰文，为了让文章更有说服力，又喜欢拿古代的事来作例证，动辄说中国传统社会只讲人治，所以，在反腐问题上，“制度建设”云云仿佛是一个极度稀缺的东西。

其实，这都是不折不扣的想当然。

设计出一种监察官吏的制度，使官员在监督之下奉公守法，在中国有悠久的传统。春秋战国时期的“御史”一职已兼有监察的职责，到了秦朝，“御史大夫府”成为专门的中央监察机构，汉承秦制，在中央设御史府（台），在地方设立十三部刺史，并首开先河，制定了监察法规《监御史九条》和《刺史六条》。此后中国古代监察制度日益严密。

当然，古代的监察之权都来自皇帝的授予，它是完全服从于巩固皇权这一中心的。这是中国古代监察制度万变不离其宗的一个主要特色。但一朝自有一朝之特点，一君王自有一君王之个性，朱元璋时代的监察官吏制度，和他颁布的其他许多政策一样，仍然具有浓重的朱氏色彩。像以下一些就是值得说说的：

设登闻鼓。“洪武元年（1368），置登闻鼓于午门外”，这个鼓是专门鼓励百姓击鼓告状的，为了防止走过场，朱元璋命令一名御史每天在那里负责，凡民间有冤情，而地方官员又不受理的，当事人可以击登闻鼓，由御史带着上奏。

设巡按御史。巡按御史品级并不高，但权力很大，相当于钦差大臣，专门负责在各个地方巡视，遇到大事，直接向皇帝禀报，小事，则可以径行处理。

设置特务机关。“检校”“锦衣卫”都是直接听命于皇帝的特务人员，任何官员都在其侦听、窥伺范围之内，等于皇帝的超级耳目。特务机关的主要作用是防止臣下图谋叛乱，但掌握其贪污不法的劣迹也会自然包含在内。

而在朱元璋创立的各项监察制度中，最有研究价值、最耐人寻味的，当属“民拿害民官吏”制度。放到中国传统社会的背景下考察，“民拿害民官吏”堪称一个重大的制度突破。

“民拿害民官吏”制度明载于朱元璋晚年制定的特种刑法《大诰》中。这一制度的出台，是因为在此之前，朱元璋颁布的“严禁官吏下乡”的命令没有得到很好执行，所以，他下令，对“违旨下乡，动扰于民”的不法之徒，和舞文弄法、欺压良善的贪墨之吏，允许民间年高德劭的百姓率领青壮年将其绑缚，押到京城，而且谁也不能阻挡，“敢有阻挡者，其家族诛”。

官吏下乡常常扰民，朱元璋居然要立法不许官吏下乡，这样一条法令当然是荒唐的。官员是否扰民，关键不在于是否下乡，他不下乡，难道就不会扰民害民了吗？清末著名法学家沈家本对此就有激烈的抨击，他说，官员不下乡，则其对辖区内的地理形势和风土人情必然懵懂无知，如何行政？不许官吏下乡，那些喜欢偷懒的官吏自然求之不得，乐得以此为借口优哉游哉，而想做事的官员却被活生生束缚了手脚，简直是因噎废食！

沈家本的批评合情合理，如此一来，随“严禁官吏下乡”命令而来的“民拿害民官吏”制度，也难免会受到一些非议。首先，这一制度的无政府主义色彩非常浓厚，完全建立在朱元璋个人的主观臆想基础之上，缺乏由下而上的制度保障。其次，对百姓来说，可操作性并不强，而且显而易见，其风险是非常大的。虽然《大诰》中没有明确，如果民拿害民官吏，查证不实的话，对这些大胆的百姓如何处理，但考虑到历代对所谓“诬告”惩处极为严厉的常规，可以想象，任何一个百姓，在遵照圣旨拿获害民官吏，绑赴京城的道路上，必然都是惴惴不安的。因为谁都明白，所谓“害民”与否，这个界定相当模糊，而且在官方和民间常常是各有各的标准，如果皇帝派人查证，双方各执一词怎么办？在官员权威对民间权利处于压倒性优势的条件下，即使是朱元璋所说的“年高德劭”的百姓，在忍无可忍，准备拿获害民官吏之前，也必须好好掂量一下，毕竟这是一件关系到身家性命的事情。

也许正是缘于上面一些因素，“民拿害民官吏”制度并没有结出很好的果实。按照史籍记载，朱元璋的命令颁布后，真正撞到了枪口上，被“刁民”拿获的官吏不过区区两三例而已。如贵州黔阳县安江驿丞李添奇，“恣肆为非，害民非止一端”，“致被士民李子玉等率精壮拿获赴京”，李添奇被斩趾；又有河北某县主簿汪铎等人“设计害民”，“被高年有德耆民赵罕辰等三十四名绑缚赴京”，汪铎被处死。可以看出，就是这区区两三例中，犯事的也只是不入流的小吏罢了，由此也可证明，“民拿害民官吏”制度并未能够普遍而有效地实行。

如果缺乏相应的配套制度，单靠个人的拍拍脑袋就出台政策，哪怕这个人是至高无上的皇帝，哪怕这个政策“看上去很美”，其难达初衷几乎是一定的。不过，朱元璋建立民拿害民官吏制度，希望借民众力量来监督和惩治贪官污吏，毕竟是前无古人的尝试，只要想想传统社会官威积重难返的现实，那么就不应该低估这一制度中蕴含着的深长意义。只是这点制度突破的星火，限于历史的主客观条件，未能形成燎原之势罢了。

“奈何朝杀而暮犯”

朱元璋铁腕反贪，虽有一定的震慑作用，却不能从根本上遏制贪风，在其不断掀起反贪风暴的同时，眼皮底下，却闹出了户部侍郎郭桓的贪污大案就是一个证明。越到朱元璋的晚期，他的反贪手段就越残忍，而他对反贪的效果就越悲观。他不止一次地如此悲叹：“我欲除贪赃官吏，奈何朝杀而暮犯”，“我这般年纪大了，说得口干了，气不相接，也说他不醒”，甚至“自谦”自己“才疏德薄，控驭之道竭矣”。

朱元璋的反贪为什么会陷入困局？像朱元璋所建立的高度集权的王朝，其本身就是孕育特权阶层的温床。民众对官僚没有基本的监督和控制权，必生蠹虫，这应该是一个根本的症结。由于民权受到极大的限制，即使是一些初衷很好的制度，也会渐渐变质。就拿上面所说的巡按制度为例，朱元璋设置巡按御史，本意是靠他们在地方上厉行监督，使地方官员不敢犯法，所以赋予了他们很大的权力。但这些御史们并非个个是圣人君子，既握有皇帝授予的大权，难道就不会为了私利，打击正直的地方官员，甚至和贪黩者串通一气，瞒上欺下吗？如此一来，多了一个巡按御史，对正直守法的官员来说，多了一层掣肘，而对百姓则更糟糕，饿狼之外又来一虎矣！事实上正是如此，明王朝的巡按御史制度越往后，暴露的弊端也就越多。究其实，问题的关键并不在制度本身。在皇权中心下，任何一个反贪的制度，都有着自身难以克服的重大局限。

而从“技术”上分析，朱元璋的反贪还有下列缺陷：

他对官员过分苛刻。朱元璋是个小农思想极重的人，史家皆称“明官俸最薄”，他最喜欢看见谷满仓，恨不得手下官员只做事不吃饭，一个四品官员被罢官后因缺乏回家的盘缠，竟不得不将四岁的女儿卖掉凑钱，朱元璋听说后不悲悯也不反思，只觉给圣朝丢了脸，将其处以腐刑，可这有丝毫补益吗？想用最低的成本豢养一支庞大的官僚队伍，又指望这些人天良发现不贪不占，对下爱民，对上尽忠，如何可能呢？

朱元璋的铁腕反贪很大程度建立在他对官僚集团不信任的基础上。官员动辄得咎是洪武朝的家常便饭。吴人严德珉，由御史升任左佥都御史，仅仅因为以疾求归，便引起了朱元璋的疑忌，将其脸上刻字，流放到边远地区。到了明宣宗时代，这人还在，有人见他脸上有字，问他当年犯了什么法，他说太祖时国法甚严，做官者很难保全，那顶官帽可不好戴啊。然后向北面拱手，连称“圣恩圣恩”。这四字中感慨无限！皇帝和官僚集团没有建立起码的信任关系，就会带来两个后果：一是官员们小心翼翼，不求有功但求无过，在普遍因循守旧、畏法保位的大势下，很难有什么大的作为；二是因怕官员在一个职位呆久，滋生流弊，所以要频繁变动。这本来也是防贪之一法，可是朱元璋却过而不及，《明史》说，终洪武朝，为户部尚书者四十余人，平均不到一年换一个，刑部尚书也是如此，这可都是正部级的高官，是要思考和策划方针政策的啊，如此频繁地更换，往往自己的计划刚刚实施就挪了地方，又怎么能够指望在这些人中，诞生治世之能臣？

朱元璋又过于看重反贪中残酷手段的威力。乱世中起家的朱元璋很迷信暴力，总对人宣扬元王朝丢天下是因为“过宽”，所以他自己要以“猛”治国，施之以严刑峻法，却殊不知刚猛的东西终究是难以持久的，这就像一张拉得满满的弓如果始终不松懈就一定会绷断一样。清末沈家本评价朱元璋的反贪，认为他没有找到问题症结，只是一味地依赖暴力，“不究其习之所由成而徒用其威，必终于威竭而不振也”，无论多么让人畏惧的“威”，终有“竭而不振”的一天，沈家本一言中的。

第七节 恩威莫测的恐惧："纳谏"与"拒谏"

翻读中国史书，常见"纳谏"一词。

"谏"者，"用言语纠正君主和尊主的过失"也。所谓"纳谏"，用句大白话说，就是指皇帝肯听肯接受逆耳忠言。这样一种美德，发生在普通人身上，叫"不固执"，"能接受不同意见"，发生在皇帝身上，专门造一个词儿，就是"纳谏"。在古代的政治文化语境中，对君主来说，虚怀纳谏是一个明君的重要特征。如唐太宗即以虚怀纳谏、知人善任著称于世，成为后世为帝的楷模。正因为此，中国传统政治文化赋予了"纳谏"崇高的意义。

传统政治文化中的"纳谏"

纳谏到底有多重要？"纳谏者兴，拒谏者亡"一语足以尽之。

中国历史上稍稍像样子的皇帝，都会把"纳谏者兴，拒谏者亡"这一句作为家法，传给他的接班人。中国历来的史家，也都爱用一个标准去衡量君王的好坏，即看这个君王在"纳谏"的问题上，是从善如流，还是疾善如仇。以此为准星，把忠言谏诤的比干剖了心的商纣王，必是昏暴之君，而把爱批逆鳞的魏征比为一面好镜子的唐太宗，就一定是圣君明主。

说起唐太宗，在中国古代史上，他为什么是中国人最崇拜，同时又认为是最伟大最成功的帝王？他建立的盛唐赫赫武功是一个方面，但最重要的，似乎还是他的虚怀纳谏。现代中国人想起他，首先是一个面对逆耳忠言不但欣然受之，而且还会大加奖赏的皇帝。唐太宗进入历史，垂鉴后世，其最大价值也在于他和其臣子们共同完成了纳谏的佳话。

唐太宗为什么能够纳谏？因为他知道，臣子们之所以要冒着风险，对他说不顺耳的那些话，动机都是为了他好，为了他的李家王朝好。贞观初年，也就是唐太宗刚刚登上帝位的时候，他就对大臣们阐述了这个道理，说人自照需要一面明镜，君主要知道自己做错了什么，就必须借助进谏的忠臣，人人都难免犯错，如果君主犯了错，臣下不去匡正，要想国家不败亡，怎么可能呢？

然而这里就出现了一个问题。像唐太宗说的这个道理，其实一点儿也不高深，从情理上讲，一个智力稍稍正常的君王，就会知道，冒险进谏的臣下越多，对他的家天下就越有利，可为什么在中国历史上，像唐太宗这样虚怀纳谏的皇帝如此之少？

这就要说到人生而为人，一个天生的弱点：耳朵根子软，爱听好话奉承话，喜欢戴高帽子。人的这个弱点，不论是伟人还是庸夫，概莫能外。即使是唐太宗，他也没能摆脱这个弱点的困扰。以进忠言出名的魏征，虽然常常得到奖励，可是也曾差一点在唐太宗手里掉了脑袋，只是当唐太宗怒气冲冲地对皇后说“一定要杀了魏征这个乡下佬”时，皇后贤明，拼命替他说好话，才算把这颗头颅保下来了。唐太宗的确有许多纳谏的经典故事，但他之所以能够如此，主要是从理智上能够认识拒谏的危害，至于其心理和情感，他又怎么可能只爱听不顺耳的话呢？魏征本人，对这一点是有非常深刻的观察的。据《贞观政要》记载，贞观十二年（638），唐太宗问魏征，我现在的行为和过去相比，有没有什么差异？魏征说：贞观初年，您是唯恐我们做臣子的不说话，千方百计让我们进忠言；三年之后，有人进谏，您高兴地听从；最近一两年，不喜欢臣下进谏，虽然最后勉强听从照办了，但脸上的不平之色却表露得很充分。这就说明，随着功业的兴盛，越往后，唐太宗越难以虚心接受臣下的不同意见了，而他之所以还没有像昏君那样责罚进忠言的人，只不过比他们更有理智罢了。

在纳谏的问题上，中国古代最伟大的帝王之一唐太宗尚且如此，遑论其余？所以，虽然中国人把“纳谏”作为君王最重要的“治道”之一，用了许多办法向历代君主灌输这个东西，但实际上，纳谏终究是一门稀缺的政治艺术。

到了朱元璋这里，这门政治艺术又有了特异的地方。可以归结为七个字：纳谏奇，拒谏亦奇。朱元璋纳谏有很经典的言行，让臣子感动得要命，但拒谏却又同样厉害，随时都会上演人头落地的惨剧。

知道了他有关纳谏和拒谏的故事，也许你会非常苦恼，因为那条以能否纳谏来判断皇帝好坏的标准，在朱元璋这里居然不管用了。

“纳谏奇，拒谏亦奇”的朱元璋

前面说过，一个君王，只要智力稍稍正常，就会知道，冒险进谏的臣下越多，对他的家天下就越有利。朱元璋的智商肯定在正常之上，又喜欢读史，他当然知道以纳谏而兴拒谏而亡的前代君主们太多，所以，他屡屡表示，非常欢迎臣民们直陈他的施政得失，以便改正。有一次，朝廷在山上修了一座望江楼，他命群臣为此写文章，文章献上来，他一看，全部是歌功颂德的，为了鼓励直言之风，于是朱元璋以一个大臣的名义，自己撰文批评自己，说什么像你这样大修宫室大兴土木，哪里是圣君之所为？然后给这位大臣奖赏，作为直言者的表率。

朱元璋对纳谏的好处理解得很深，表现在行动上，也不乏从善如流。仅洪武十八年（1385），就有两个好例子。一个是国子监祭酒等人，质疑朱元璋在边疆穷追残元势力是靡费国家财力，朱元璋“皆嘉纳之”；另一个是应试的考生，批评朱元璋杀人太多，痛言“天之生材有限”，“元璋嘉其直言”。著名才子解缙，有一个奏折批评朝纲的调子最高，指责朱元璋不仅好杀，而且不恤民情，滥收税，横征暴敛，朱元璋看了后，居然一点儿也不生气，还说和解缙“义则君臣，恩犹父子”，称赞他是真才子，差点儿就让解缙掉下泪来。

唐太宗纳谏时，经常对臣下自认失误，朱元璋也有这样的佳话。《明史》中记载了一个叫周观政的御史，此人以倔强敢言著称，最经典的事例是曾经挡着皇帝征召的歌舞班子，不让其进宫。随行太监说这是皇帝的命令，周观政就是不放行。太监愤怒地进去报告，一会儿又垂头丧气地出来了，说御史大人算了吧，歌舞班子不用了。没想到周御史口出狂言：这件事应该皇帝本人出面下旨。过了一会儿朱元璋真的从宫中走出，对御史解释：宫中音乐废缺，只不过想把他们招进去教宫中练习练习，现在我已知道错了，你的意见是对的。朱元璋的这一举动把所有人都惊呆了。我估计比较熟悉朱元璋风格的后代读史者，读到这一段也会大吃一惊。

然而，另一方面朱元璋更有“拒谏”的狂暴。

在胡惟庸还是丞相的时候，有人指责他是奸佞，朱元璋不容分说，立即把此人打入了大狱，而等到朱元璋要拿胡惟庸开刀的时候，他又反过来斥责臣下为什么不能洞烛其奸！

御史王朴性情耿直，一日议事和朱元璋互不相让，元璋大怒，命戮之。到了行刑的地方，朱元璋又把王朴召回来，问他你今天到底改还是不改？王朴回答说：“皇上您是看得起我才让我当这个御史，为什么要这样侮辱我？如果我没有罪，就根本不应该被杀头；如果我真犯了罪，又怎么能够赦免？我今天只求速死！”朱元璋不禁七窍生烟，命令立即行刑。王朴君真是一趣人，当刽子手推着他经过撰写史书的史馆的时候，王朴大叫道：修史的人你记好了，某年某月某日，皇帝杀了无罪御史王朴！这个人最后还是被砍了头。

朱元璋青年时候当过和尚，即帝位后一度推崇佛教。这让儒家知识分子颇为不满，但谁也不敢说。其中有一个叫李仕鲁的，比较戆直，又因为在钻研朱子理学方面享有盛名，在朱元璋那里得到过“相见恨晚”的高度评价，他最终无法忍耐，出面劝谏皇帝离佛教远点，多多亲近孔孟圣人之学。可是朱元璋不予理睬。李仕鲁急了，对朱元璋说："陛下看来已沉溺于邪教，难怪小臣的话听不进去，既然这样，我这个学圣人之道的人还当个什么官呢？现在我把陛下赐给我的笏板还给您，请让我退老还乡吧。"说完，竟然真的把笏板丢到了地上。这个动作的危险程度实在不逊于在老虎脸上拔须，盛怒之中的朱元璋当即命武士把李仕鲁活活摔死在了朝堂的台阶上。

洪武九年（1376）发生星变，传统观念认为这是老天示警，于是朱元璋下诏求直言。一个叫叶伯巨的人，响应其号召，殚精竭虑写下了一篇皇皇大文，认定"分封太侈""用刑太繁""求治太速"是最要害的三个问题，必须改弦更张。朱元璋一看"分封太侈"，指的是他把自己多个儿子封为藩王的政策失当，简直是离间他们父子的感情，动摇其家天下的根基，当即暴跳如雷，"速逮来，吾手射之！"这个响应皇帝号召，奉命进忠言的叶伯巨落得个瘐死狱中的可悲下场。请注意，这是洪武九年的事，仅仅在前一年，朱元璋还刚刚上演了两场欣然纳谏的好戏呢。

恩威莫测的恐惧

怎样看待朱元璋的一面"纳谏"又一面"拒谏"？如果说"纳谏"的朱元璋是好皇帝，那么"拒谏"时候的朱元璋呢？"拒谏"的朱元璋让我们害怕，"纳谏"的朱元璋难道就真的让我们兴奋莫名？

我常常想：一个皇帝，他天性残暴听不得批评，顺之者昌逆之者亡，在其治下，这够让人恐惧的了，但这似乎还不是恐惧的极致，因为既然主子爱听好话，属下大量生产和奉献就是了，天生懂得自保的人们是一点儿也不缺乏这点基本智慧和人情世故的。然而如果不幸摊上另一类君王，他通常情况下爱听好话，但说不定何时又会宣告佞幸小人最为可恶，声称最喜欢逆耳忠言，我们又该如何？我冥思苦想也未想出一个万全之策，似乎注定只能在提心吊胆中惶惶度日。要害在于，不论你是什么样的谏言，他听还是不听，怎样处置你，没有一个制度来约束他，纳谏是他的恩赐，拒谏甚至消灭你的肉体更是他的自由。不论是运用常规思维还是奇思妙想，都不能预见自己的一句话、一个举动会有怎样的后果，都无法预期统治者会送你鲜花还是陷阱，窃以为这种生存状态才是最让人恐惧的。这样的恐惧，我称之为“恩威莫测的恐惧”；这样的恐惧，也才是恐惧的极致。

中国古代史上留下了“恩威莫测的恐惧”笼罩下的长长阴影，随便翻书就是一例，是《资治通鉴·唐纪》所记朱温的一个故事。朱温先跟着黄巢造反，后反戈一击，投降唐朝，被皇帝赐名朱全忠，最后又篡唐自立为帝，掀开了中国历史上黑暗的五代十国的篇章，史称后梁太祖。此人的泼皮无赖是出了名的，他在家中排行老三，据说他称帝后，连其亲哥哥都惊问：“朱三，尔可作天子乎！”这么一个主儿，就因为是握有实力的军头，主宰一方，追随者中当然不乏文人。一天，朱温和手下的幕僚以及投效他的文人们在一棵大柳树下谈笑，朱温说，这棵柳树可以用来造车轮子。旁边的人一时不知该如何回答，没有作声，来投靠他的几个文人觉得冷场不好，站起来说：您说得对，可以造车轮。没想到朱温翻脸变色，怒骂道：“书生就是喜欢顺着别人的话瞎说，造车轮子应该用榆树，柳树哪里能行？”一声令下，那几个答话的人全部被杀。我们不妨试想一下当时的场景，一个可以主宰你命运的人，对着你说要用柳树造车轮，你如果在现场，会如何反应？是“顺之”还是“逆之”？恐怕多数人都会和那几个可怜的书生一样吧。其实这与是否“顺着别人的话瞎说”的品质无关，只与常识有关，只与生存经验有关。如果真的是这样，那么很不幸，在这道抢答题面前，“你答错了！”而且后果出奇地严重，你将付出生命的代价！

几个书生正是为常识所囿，乃至对朱温做出了“顺之”的选择，不料却被“扑杀”，这样一个结果，能不能滋生出另外一条生存经验，即对朱温应该“逆之”才对呢？笑话，你违逆他一回试试看！除非你把脑袋不当回事，否则你是没有勇气一试的。

顺逆两为难，怎么办？

这样一个难题，朱元璋时代一个叫袁凯的人也摊上了。

袁凯也是个御史，《明史》说他“博学有才辨”。一次，朱元璋要杀不少人，叫袁凯把案卷送给当时的太子朱标复核一遍。朱标这人比较仁弱，不希望那么多人流血，对许多案例主张从宽。袁凯把太子的意思回报朱元璋，朱元璋问道：“你认为这件事我和太子谁对谁错？”袁凯一听，为难了，这边是皇帝，那边是未来的皇帝，想了想只好回答：“皇上您从严守法，太子要赦免是心地仁慈。”我们今天读史，大概都会认为袁凯此言是急中生智，再完美不过了。可是朱元璋生气了，认为这是两边讨好，耍滑头。袁凯很害怕，便装疯。朱元璋闻报后，说他是真疯还是假疯啊，如果是真疯，就不应该怕痛，叫人用尖锐的东西钻袁凯的肉，袁凯咬紧牙关，装作一点儿也不知道疼痛的样子，总算蒙混过关。朱元璋这才把他放归乡里，袁凯最后以寿终，好歹捡了一条命。

说了半天，也许我们终于能够看明白了，所谓“纳谏”，算是什么政治艺术呢？不过就是碰运气罢了。遇上皇上性子好，心情愉快，你这就是忠言，否则就是攻击、毁谤，就是大逆不道。碰到好运气的机会当然也有，也可能因此收获口头嘉奖和物质鼓励，但老实说，概率是相当低的，不会比今天买彩票中大奖的概率高多少。想想看，连唐太宗都会对不断拂他逆鳞的人急眼，别的还用得着说吗？

君主他到底是纳谏还是拒谏，往往在一念之间，对臣下而言，实在太难以琢磨。既然如此，对于只想过太平日子的人来说，那还进个什么言呢？是的，不进了，不说了，于是就有了王小波所说的“沉默的大多数”。

拒谏时候的朱元璋肯定不是好皇帝，纳谏时候的朱元璋也未必就是好皇帝。

第八节　完美主义的破产

政治是一门高度讲求现实的艺术。既然讲求现实，就有让步，有妥协，有对人生而为人那些本能和天性的尊重。从根本上说，政治是排斥完美，拒绝理想主义的。但在传统中国，由于浓厚的政治伦理化倾向，被塑造为君主、教主合一角色的皇帝又往往特别喜欢扛起一面理想主义的大旗。

朱元璋向来认定自己对历史有一种特殊的使命，也从不避讳自己对完美、至善的追求。可惜这种激情往往会遭遇现实的冷水。

时废时复的科举

不论是什么样的执政者，都会把选拔官员提到一个非常重要的高度，并努力创设良法，通过制度设计，使其心目中理想的人才脱颖而出，为我所用。但这里就有一个麻烦：无论经由怎样的方式和渠道，谁能保证选拔上来的官员就一定具备真才实学？毫不夸张地说，这是个让中国历代统治者都大伤脑筋的难题。

在秦以前的封建社会，一个社会上，谁有当官的资格，不是个问题。那时是典型的“老子英雄儿好汉”，血统决定一切，依靠世袭制度，天子之子仍然是天子，公之子仍然为公，卿之子仍然做卿，当然，贱民之子也仍然是贱民。

但到了秦以后，贵族世袭制度基本崩溃，因为秦朝废除了封建，而改为郡县制，天下已经大一统，不再有那么多诸侯小国，各自为政，滋生贵族的土壤已经消失。这时候派往各郡县的官员，都由中央统一选拔和调配。于是，如何选拔人才，成为中国历史上一大关目。

中国古代选拔人才的制度，大而言之，无非是三类：一是地方推荐，二是朝廷征召，三是科举考试。地方推荐，就是所谓“乡举里选”，这是从汉朝兴起的。某人如果在家乡卓有声誉，地方官员就可以把他推荐到中央政府，中央政府提出一些重要的政治问题和事项，向其请教，然后根据他们的答案，分别挑选任用，授予不同的官职。朝廷征召，就是政府在一个时候对人才有特殊的要求，比如要治理黄河，需要水利专家，或政府准备派人出使西域，需要通外国语，吃苦耐劳，应变能力强，而环顾文武大臣，没有合适的人选，朝廷就专门下诏征求。科举考试，则是从唐时发端。这是一种自由竞选的办法，想参加仕途的人，都可以到地方政府报名，然后参加中央的统一考试。当然，并不是所有人都有报名的资格，除了违犯法律者以外，对商人、工人等职业也有限制，因为在古人看来，从事这些职业的都专为私人谋利，现在所要考试录取的，则须专心为公家服务。

虽然今人对科举制度往往大加挞伐，但平心而论，当历史发展到一个人的入仕需要由公开的考试来决定时，这是一个了不起的进步，所以，从唐代开始直至清季，科举一直得到了延续，被朝野视为“抡才大典”，享尽了尊荣。不过，科考程式化的毛病显而易见，对科举“不能选拔真才”的非议，就是在古人那儿，也是相当盛行的。而其中反应最激烈的，对当时社会影响最大的，其实还不是人们所熟知的那些落第后满腹牢骚的文人，而是明太祖朱元璋，因为他对科举的不满，直接导致在洪武年间科举的停办，时间长达十年。

朱元璋起初也是非常重视科举的。早在他即帝位前一年，即元至正二十七年（1367），他还是“吴王”的时候，就曾下令在他的辖区设文武二科取士。明王朝建国的第三年，即洪武三年（1370），他下诏正式建立科举制度。诏书中明确宣布“非科举者，毋得与官”。因政府刚刚建立，需才孔亟，从洪武四年（1371）起，连续举行乡试三年，官员缺额很多，在乡试中考取的举人都免于会试，赴京直接听候选官。这样，经过元王朝不重视科举这一特殊阶段以后，明王朝的选拔人才又回到了唐以来的常轨。

连试三年，朝廷选拔了一大批官员，总算弥补了用人荒，可新的问题又暴露在了朱元璋眼前。他很快发现，通过科举考试，选拔上来的官员，并不能让人满意。有的年纪太轻，只会夸夸其谈，有的文章不错，但缺乏处理事务的能力，有的颇具小才，德行却不相符。于是，在明王朝建国后的第六年，也就是开科取士后的第三年，朱元璋断然决定停止科举，并在诏书中发牢骚说：我原本是真心实意要吸纳贤才的，你们却总是敷衍我！

然而科举可以停止，国家却不可一日不要人才，朱元璋面临的事实是，除了科举，他很难找到新的选才办法，于是只好回到唐以前靠地方推荐选拔人才的旧路。为了保证荐举人才的数量和质量，朱元璋拟定了各类人才的标准和条件，责令各级政府切实遵照执行，荐举制一时成为国家选拔官员的基本制度。但这种制度的弊病也是昭昭在人耳目的，一是地方官员自由裁量权过大，推荐甲而非乙，往往决定于官员一己之私心，这样就很容易有上下其手徇私舞弊的机会；二是没有固定的、可操作性强的硬性标准，朱元璋要纠正过去科举只重文才的偏向，希望选拔上来的官员德才兼备，但“德”这东西，是不太好如三斤白菜四两盐那样清晰度量的，更何况，一个表面有德的人，还很可能是个伪君子呢。

不仅如此，废除科举这种公开的考试制度之后，意味着所有人的任用都只有依靠朱元璋个人裁定了。他非火眼金睛，也不可能精通所有学问和事务，难免出现错误提拔的情况，使人才“所用非所学，所学非所用”。而且就是精力，一个人也总是有限的，朱元璋再励精图治也常有打马虎眼的时候，例如有一年主管祭祀的机构太常寺缺官，朱元璋召集儒生，准备从中挑选几名去太常寺任职。应诏而来的儒生很多，朱元璋感到很为难，如果逐个交谈，得花费很多时间和精力，况且就算交谈一次，也未必就能对其德才有一个恰如其分的判断，结果就成了“面选者多”，即只凭他瞥一眼的印象，以貌取才。这样选人出纰漏是难免的，一个叫高炳的人，因面貌雍容儒雅，像个忠厚人，朱元璋认为“外貌若此，心必亦然”，就选入了太常寺为官，结果不久就因犯罪被罢官回乡。朱元璋废除科举，决心选拔“德才兼备”的人才，落到实处却成了这样，真是一个很大的讽刺。

虽然朱元璋开起倒车来一心蛮干，三令五申，要地方切实负起向中央政府荐举人才的责任，但荐举制的弊端仍然暴露得越来越厉害。他发现，荐举上来的人，德才不够、滥竽充数者并不比科举少，终于不得不向现实妥协，在荐举制度推行十年后，他又下令恢复科举，于洪武十七年（1384）命礼部定科举成式，颁行各省，遂成为明朝选拔人才的定制。

“完美”是一个幻影

朱元璋废、复科举说明了什么？在废除科举的背后，反映了朱元璋一种怎样的心理？

阅读朱元璋的史料，我有一个感觉，这个人虽然是从腥风血雨中实打实一步步拼出来的，但当他登上帝位以后，却具有鲜明的理想主义色彩。从他对历朝历代帝王的议论和批评看，他意欲恢复“先王之治”，是想做中国历史上最成功的帝王的。理想主义者最大的特点是追求完美。废除科举，不过是朱元璋竭力追求完美的一种表示罢了。他的初衷，不过是想通过废除科举，创造一种没有任何弊病的选才制度。

可是，在选拔人才的问题上，是否真的存在一种完美无缺的制度呢？

答案无疑是否定的。如果能够联想到近年来关于高考的争论，对这一问题当有更深刻的认识。高考的争论此起彼伏，高考的缺陷也人所共见，但目前有没有一种能够替代高考的功能，又没有任何缺陷的选材制度？那些声称要废除高考的人，是否找到了这样一种可以取而代之的完美制度？没有。这也是在可预见的将来，我们虽然不满高考，但还是不得不容忍它在饱受指责声中继续存在下去的关键。

过去的科举也好，现在的高考也罢，都只是一种选才的方式。实际上，在选拔人才的问题上，追求完美只能是一厢情愿的。世界上没有任何一个制度，能够保证所有人才都脱颖而出，保证不压制一个真才。只可能有最不坏的选才制度，不会有最好的选才制度。无论科举还是高考，因为设置了一个众所共见的杠杆，如果能确保“跳杠杆”过程中的公平公正，哪怕这个杠杆有僵化之嫌，哪怕我们使用这样的杠杆十分无奈，但这也是一种“次优选择”，因为在特定的时期，人们很难找出更好的代替办法。最后，选才制度应该相对稳定，不能全凭在上者的意志，朝令夕改。如果一个地方，今天说要不拘一格选拔人才，明天又说要唯学历是举，那只会让人无所适从，并带来更大的不公正。

朱元璋废除科举又不得不恢复科举，这证明，离开坚实的大地，所谓“完美”终究是一个幻影。

政治排斥完美

现实政治原本是不完美的，政治中人如果理想主义色彩过浓，总是追求完美至善，希望创造出一种空前的、没有任何瑕疵的制度，那么很可能陷入“以求完美始，以很不美终”的怪圈。

朱元璋就经常为这个怪圈所困扰。他设计的一些制度，常常都有尽善尽美的初衷，但由于对自己期许过高，又忽视现实的巨大束缚力，实行起来往往事与愿违。不妨看几个例子。

洪武四年（1371），朱元璋下令在地方上的州、县一级设立粮长，粮长以田多者充当，其职责是帮助和代替官府在乡里征收赋税。这是一种以富民治庶民的政策，朱元璋的用意，是怕官府的胥吏串通一气，侵吞公粮和虐待百姓，用意也是好的，但后来粮长制度却演变成为一项害民的秕政，却非朱元璋始料所及。起初，粮长运粮至京城，朱元璋不时接见他们，这是一种荣誉，如果粮长对答得好，还有擢升的希望，可是后来运粮的任务由官军充当，粮长不再有到京城朝见皇帝的机会，既失去了荣誉，更没了向上的通道，粮长遂成为十足的鸡肋，有钱人不愿意做，平民充当又常受富豪之家的欺凌。而因为粮长帮助官府催办赋税的职能依然，粮长中的不肖之徒，则从中看到了寻租的可能，即和胥吏与富豪勾结，转而鱼肉小民。也就是说，一项旨在防范污吏的制度，最后却成了帮助他们的工具，正如时人所慨叹，播下龙种，却收获了跳蚤。

洪武十四年（1381），朱元璋命礼部申明“乡饮酒礼”，要求各地推行。所谓“乡饮酒礼”，原只是儒家经典上记述的一种尊老的仪式，大意是乡里定期举行宴会，以年高者坐正位，接受众人尊崇。其具体如何操作，语焉不详，后来已经失传。朱元璋重拾此礼，意在“叙尊卑，别贵贱”，使天下之民“隆爱敬，识廉耻，知礼让”，希望大家都来敬老尊贤。为了保证效果，还特地在法律上规定，在“乡饮酒礼”上，把宴席的次序弄乱的，给予严厉处罚。既有好的初衷，又有法律敦行，应该会有好的效果了，实际却大不然。洪武时期，在许多地方，乡饮酒礼的宴席上，是否有资格享受尊崇已经常常以权势为标准了。更重要的是，要形成一种风尚，僵硬的行政命令除了让人反感，还会有多大作用？

又比如朱元璋推行的军屯。所谓军屯，就是一种寓兵于农、亦耕亦战的制度，这个制度在中国历史上并不是朱元璋的首创，但朱元璋的规模最大，执行得最为严厉。明王朝建立前，朱元璋利用这一制度，解决补给问题，明王朝建立后，更在全国范围内推行。军屯的效果肯定是有的，特别是在元末战乱之后，荒地多，军队屯田，可以有效缓解劳动力不足的困难，让军队自给自足，对纾解民困也有一定帮助。因此这一制度颇得后代论史者的好评，朱元璋也自夸说，我养了百万大军，却不费百姓一粒米。可是越往后，这个制度的弊端就暴露得越严重。首先，军屯的表面成效里，掩藏着下级士兵的斑斑血泪。在这种制度之下，士兵几乎没有任何权利，简直就是大明王朝的农奴，而且这种农奴的身份还是世袭的，父传子，子又传孙。没有任何权利的人，哪会有为国家效力的积极性？所以，士兵的逃亡愈演愈烈。其次，保卫国家才是军队的天职，你却让部队去操心农耕，长此以往，战斗力岂不是会每况愈下？……明中叶以后，海上几个贸易商人纠集的乌合之众，居然让明王朝的大军疲于奔命，症结之一就在于朱元璋的这一军屯制度，大大削弱了部队的战斗力。“抗倭名将”戚继光在朝中大佬的支持下，重新恢复募兵制，建立了一支作为职业军人的“戚家军”，才总算止住了颓势。军屯制度的缺陷，在朱元璋时代已经开始显现，因为随着政权的稳固和经济的发展，这种农奴制的生产关系已经极不适应生产力的发展，可是所谓“不费百姓一粒米”的辉煌已经让朱元璋陶醉不能自已。

追求完美的人总会屡屡碰壁。碰壁之后，选择无非有二：一是倔强地一条道儿跑到黑；二是承认无情的现实，并与其达成某种限度的妥协。这两种情况，朱元璋都有，在相对清醒、理智占上风的时候，朱元璋就会对一些看似完美的政策改弦易辙，这样也能使政策的负面效果得到降低。但问题是，朱元璋是一个高度自负的人，他似乎从未认识到与现实的妥协其实是政治的一种常态，屡次妥协带给他的，只有深深的挫伤感。完美主义破产了，挫伤感、幻灭感加剧，这正是晚年朱元璋的心理状态。这样一个结果，又对洪武晚期的政治与社会生态产生了深刻的影响。

第九节 骨未寒，国先乱

洪武三十一年（1398）闰五月初十日，七十一岁的朱元璋做了三十一年的皇帝，抛下了他恋恋不舍的朱家王朝和子孙，因病辞世，葬在南京城外钟山山下，谥号“高皇帝”，庙号“太祖”。

临终之时，朱元璋命令所有妃嫔都为他殉葬，只留下一个张美人，因为她生下的小公主仅四岁，不能须臾离开母亲。同时，又立下遗诏，公布天下：

> 朕膺天命三十一年，忧危积心，日勤不怠，务有益于民。奈起自寒微，无古人之博知，好善恶恶，不及远矣。今年七十有一，筋力衰微，朝夕危惧，虑恐不终。今得万物自然之理，其奚哀念之有。皇太孙朱允炆仁明孝友，天下归心，宜登大位，以勤民政。中外文武臣僚，同心辅佐，以福吾民。葬祭之仪，一如汉文勿异。布告天下，使知朕意。孝陵山川，因其故毋所改。

一个皇帝死之前，都会有这么一道遗诏，算是对臣民所下的最后旨意。朱元璋的遗诏中说了三层意思：一是对自己的一生进行总结，“忧危积心，日勤不怠”，表示自己是一个非常尽力的皇帝，这倒是写实。至于谦虚自己不如古人，也许是起草诏书者的饰笔，因为“自谦”本来就是遗诏中的老谱；二是将其选定的接班人告之天下，这其实是所有遗诏中最重要的一项内容，除了开国之君，其他靠世袭继承的君王，其权力合法性全部来源于此，如果你的名字没有出现在遗诏中，却坐到了皇帝的宝座上，那你就不是“合法”的；三是训诫天下臣民老老实实接受新皇帝的领导。

遵照朱元璋的遗诏，闰五月十六日，二十二岁的朱允炆即帝位，改年号为“建文”，史称建文帝。

对这个皇太孙，朱元璋虽然在遗诏中夸奖他“仁明孝友，天下归心，宜登大位”，但实际上是很不放心的。不仅仅因为他还是一个毛孩子，更因为他的性格酷似其父，也就是早逝的太子朱标，比较仁弱。在腥风血雨中浸泡的朱元璋深知，这样一种性格，也许能做一个好官，但君临天下，却是需要狠辣的手腕的。

既然不放心后事，朱元璋就不能不再次动用他从传统政治文化中汲取和切身体味来的智慧，在其临死之时，为朱家王朝进行最后的谋划。

最后之谋划

有人不免会感觉奇怪：既然朱允炆的性格让朱元璋担忧，那他为什么不另外选定一个接班人呢？

这就要说到传统君王政治中的一个困局了。天子只有一个，而谁来做天子，又不能靠选拔和考试，更不能以得票多少来定夺，这样就自然导致了一种局面：虽然最后登帝位的只有一个幸运儿，但几乎人人都可以觊觎这个宝座，因为大家都在想，凭什么说你行我就不行呢？特别是出身帝王之家，同为“龙种”者，先天已经决定他们离宝座最近，就更会动心思了。面对“僧多粥少”，为了避免大家争吵甚至打架，古人想出了一个办法，那就是在众多“龙种”之间，给“嫡长子”以优先权。这样一个选择嗣君的办法当然不能说最好（实际上在传统政治语境中，根本也不存在最好的办法），但由于嫡长子只有一个，它至少使其他觊觎者少了争夺的口实。

然而问题又来了。现实生活中，这唯一的“嫡长子”未必是所有“龙种”之间最优秀的，很可能昏庸，或者不合他老爸的心意，怎么办？历代皇帝中颇有为此而烦恼的。为了解决这个问题，“易储”，也就是换一个接班人的做法并不缺乏先例，但几乎所有这样做过的帝王，都曾经惹出或大或小的乱子，连雄才大略的唐太宗都不能例外。所以，古人对“易储”之事极为看重，认为是“动摇国本”的大事，必须慎之又慎。

朱元璋也陷进了这一困局中。洪武二十五年（1392），皇太子朱标病逝，朱元璋不得不重新考虑接班人问题。因为“兄终弟及”和“父死子继”一样都是接班的常规，他自然将目光落在了另外几个儿子身上。几个儿子，除了已按“立嫡长子”这一礼法，定为储君的长子朱标之外，他最欣赏的应该是四子，即被封为燕王的朱棣了，因为朱棣英武、深沉，和朱元璋颇多相似，但他就这一问题咨询群臣的时候，一个叫刘三吾的大臣提出，“兄终弟及”当然是可以的，可如果立皇四子，那么置位序在朱棣前面的皇二子、三子于何地？这不是明摆着让他们不服气吗？而完全按“兄终弟及”的严格顺序，选皇二子，即秦王做接班人，朱元璋又不愿意，因为此人不成器，朱元璋一度想将其废掉。这个时候刘三吾提醒他说：“皇长孙四海归心，皇上无忧矣。”劝他越过儿子这一层，选太子之子做接班人，可以免去几个儿子争位的麻烦。而太子朱标的长子早逝，于是作为太子次子的朱允炆成为“储君”的唯一人选。

既已选定储君，朱元璋也就不作他想，竭力为孙子的继位做准备了。他首先仍然按照培养皇太子的办法，延请名儒教孙子读书，再命其批阅奏章，参与处理政事。其次，考虑到孙子年幼，又天性文弱，怕难以在自己身后驾驭元勋功臣，于是继明初大诛功臣之后，又掀起了新一波的屠杀行动。洪武二十六年（1393），即朱元璋去世前五年，他以谋反罪将凉国公蓝玉灭族，又兴大狱，使合计两万多人都受牵连而被杀；洪武二十七年（1394），颍国公傅友德被赐死；洪武二十八年（1395），宋国公冯胜“以细故失帝意”，被勒令自杀。须知，蓝玉、傅友德、冯胜，是明初大诛功臣后硕果仅存的三位大帅，勋业彪炳。三人中除了蓝玉比较张狂外，另两位处事都相当低调和谨慎，侥幸躲过了明初的风暴，最终却仍然难逃一劫。在朱元璋的心目中，这三人简直就像一根荆条中的最后三根毒刺，不除他是不放心的。现在他拔掉了毒刺，自以为交给孙子的应该是一根无刺的荆条了。

为了给皇太孙顺利接班尽量扫平障碍，朱元璋甚至不惜拿自己的宠妃开刀。这个妃子就是皇太子朱标的母亲，也就是皇太孙朱允炆的祖母李淑妃。此人贤明能干，却于洪武三十年（1397），即朱元璋临死前一年被赐死。事后妃子的哥哥为此不平，朱元璋说：我知道你的妹妹贤明，她也没有犯什么过错，但正是因为她太能干，我担心她在我身后效仿武则天，使我接班人的位置不稳，这也是迫不得已的办法。朱元璋的这一招在历史上自有渊源，汉武帝晚年，准备立其幼子为帝，就是后来的汉昭帝。汉武帝在做出这个决定之前，先借故把昭帝的母亲钩弋夫人处死，左右的人很奇怪，说皇上您既然要立钩弋夫人的儿子为帝，为什么反要把她杀掉？汉武帝回答说：这就不是你们这些人能懂的了，朝廷出乱子，往往就是因为“主少母壮”。修史的人还特意称赞汉武帝的“昭然远见”呢！

现在的朱元璋环顾宇内，总算有了一点安全感。这不仅因为他心目中有能量造反的功臣已全部诛除，还因为他多年来就一直在为王朝的长治久安下一步棋。这步棋就是“分藩”，即让他的众多儿子到各战略要地当藩王，以拱卫京师。在他看来，皇帝、各位藩王，既然都是老朱家的子孙，大家一荣俱荣一损俱损，还有什么不能同心一体共享富贵的吗？

可惜，人算不如天算，在朱元璋尸骨未寒之际，造成天下大乱的，就是源于他这样一步自以为精妙的棋。看来，这是一步十足的臭棋。

求安反乱

建文元年（1399）七月，距朱元璋去世、朱允炆继位仅一年，燕王朱棣，也就是朱允炆的四叔，从封地北京举兵反抗中央，史称

“靖难之役”。经过三年多战争，朱棣于建文四年（1402）六月率军攻破首都南京，朱允炆不知所终。朱棣即帝位，改年号为“永乐”，成为历史上的“明成祖”。

“靖难之役”，于老朱家来说，是骨肉相残，对国家和百姓来说也是一场大动乱。虽然胜利者朱棣于事后对自己有很多粉饰，对失败者朱允炆有很多诬蔑，但从史籍分析，朱允炆应是仁厚有为之主，所谓“靖难之役”终究只是家族内部一场并不光彩的权力斗争，全无积极意义。

朱棣为什么要起兵造反？他为什么有那么强大的实力？作为中央的朱允炆为什么反倒平叛无方，直至土崩瓦解？推原祸始，朱元璋是无法辞其咎的。

朱元璋推翻元朝后不久即建立了封藩制度。具体办法是：选择战略要地为各皇子的封地，待其成人后即派出。藩王有很大的权力，尤其是握有兵权，“护卫甲士少者三千人，多者万九千人”，其身份也非常尊贵，只比皇帝低一等，公侯大臣遇到藩王，必须“伏而拜谒”。

这样一种封建制度，其实早已被历史所否定。自秦朝废封建，改设郡县制后，汉王朝尝试过，后来吴、楚等藩王发动“七国之乱”，再次证明这不是什么好的制度，以后各朝已鲜有实行。朱元璋为什么偏要从历史垃圾中把这个制度当宝贝拣来呢？《明史》上说他是“惩宋元孤立”，其实完全系于他个人为家天下打算的私心。他以为让自己的骨肉，都各据一方，手握重兵，大家同心协力，这样就没有外人威胁自己的家天下了。殊不知除了外人，难道就没有家人自己造乱子的？

看出其荒谬的并不乏人。洪武九年（1376），是朱元璋的封藩制度进行得如火如荼的时候，一个叫叶伯巨的人上书，对这一制度进行了猛烈而痛切的抨击。叶伯巨直言“分封太侈”是当今之“大过”，针对朱元璋诸王均是我的骨肉，“分地虽广，立法虽侈”，也不会给中央政府带来威胁的这种私心，叶伯巨提醒他注意汉朝的历史教训，并极富预见性地指出，如果不改弦易辙，很可能在几代之后，形成各藩王尾大不掉的尴尬局面，到时候皇帝必然“削其地而夺之权”，但这又必然召来藩王的强烈不满，谁说就不会引来战乱？这封上书到了朱元璋那里，他一看就勃然大怒，说你小子难道想离间我老朱家人的骨肉之情吗？速逮来，我要亲手射死他！结果叶伯巨死于狱中。

与前代封建制度相比，朱元璋的封藩有一个最大的特点，即所谓“列爵而不临民”，就是说各地的藩王不负责民政，民政官员仍然由中央委派，但洪武朝藩王的军事权力却很大，而且随着功臣的诛除殆尽，这种军事权力是越来越大，军事实力也越来越雄厚。其中燕王朱棣作为朱元璋最欣赏的皇子，手握重兵坐镇北京，本来是用来对付逃到北方的蒙元残余势力的，但时移势易，现在却成了新登基的朱允炆的最大和最现实的威胁。建文帝面对威胁，和心腹大臣着手削藩，还没有来得及削到朱棣的头上，战争爆发了。叶伯巨当年的预言果然不幸而言中。

按说，朱棣虽然在诸王中实力最强大，但与中央政府相比，究竟还属于弱势一方，为何短短三年就反客为主了呢？这又不能不归咎于朱元璋。因为他在生前已将元勋全部屠戮，导致建文帝现在已派不出一个得力的大帅！中央政府这边最初的统兵者是耿炳文，其人的战史虽然很长，元末时曾跟随朱元璋作战，但他从未独当一面，最多只是一员偏将，加之如今年纪大了，缺乏锐气，哪里是骁勇善战的朱棣的对手？耿炳文吃了败仗后，朝廷又选调李景隆统兵，此人是名将李文忠之子，却根本就是一纨绔子弟。这样，虽然朝廷方面在实力上占尽优势，也有一些勇将，却因缺乏智勇深沉、谋略宏远的统帅，在战场上只堪与朱棣打个平手。最后朱棣放弃与朝廷争一城一地之得失，突出奇兵，直捣南京，在京城宦官的策应下，终于如愿以偿。

关于建文帝的下落，说法不一，或曰自焚，或曰出逃，均无确切的记载。不知他在自杀的前一刻，或在出逃的过程中，是否想到了将江山亲手交给他的爷爷？

朱元璋死前的几年中，为了孙子坐稳宝座，堪称殚精竭虑。然而，事实是，正是他的一些旨在确保江山稳固的决策却事与愿违，使自己的孙子有四海之尊，却不能保全性命，这真是一个巨大的讽刺。清代学者查继佐就曾经感叹说：如果当年明太祖不将功臣斩尽杀绝，最后的蓝玉、傅友德、冯胜这三人中哪怕还留下一个，朱棣又怎么可能轻易成功？

封藩：明王朝不能承受之重

朱棣因为对削藩不满，打着“诛奸臣”“恢复祖宗旧制”的旗号起兵，最后坐上帝位，但他心里比谁都清楚，侄儿朱允炆的削藩对帝位和王朝的稳固是有利的。他以反对削藩的名义举兵，最后还是要大力削藩，不过，他的手腕胜过其侄儿，经过一番整治，终有明一代，藩王已完全失去对抗中央的本钱。

可是明代的帝王终究不敢明确废除封藩制度，因为这是开国之君太祖所定立的啊，“违背祖制”可不是一顶轻松的帽子。既要不违背祖制，又要藩王乖乖接受朝廷节制，就只剩下了一个办法：给他们以名分和富贵，国家养着他们，但将权力尽数收回。

于是就出现了一种“制度性的腐败”。对藩王来说，国家会尽力满足其物质上的要求，甚至可以说国家就是希望你腐败，让你天天吃喝玩乐，因为这样才会消磨其壮志，使其沉迷于酒色中而不能自拔，就无法对中央政权构成威胁了。

面对这样一个特殊消费阶层，初期，国家的财力还是能够应付的，可是皇帝的骨肉本来就多，子又生孙，孙又生子，越往后，这个队伍就越庞大，而这些人个个从坠地之始就是龙子龙孙，就有一份吃到老死的禄米，国家财力因此就愈发相形见绌。朱元璋为家天下之私心而定立的“封藩”的祖制，遂成为他亲手创立的这个王朝的不能承受之重。

朱氏宗室人数究竟有多少，史料记载不一，考史者说法各异。明史学家王春瑜推论说：“迄明之亡，宗藩人数当有十多万之众。”这样沉重的财政包袱，人民如何负担得起？有一组数字比较醒目：嘉靖中叶，全国每年供给京师米计四百万石，而各处供给藩府子孙的禄米，却是八百五十三万石！当时就有大臣在奏疏中感叹：“百姓税粮有限，而宗枝蕃衍无穷。”

国家终于不堪重负了。明王朝对待如此巨大的特殊消费阶层，实在是供不应求，无能为力，于是，宗藩子孙们的地位，就不能不有些变化。和皇帝有直系血亲的，当然还是享受特别优待，但血缘关系疏远者，国家却无法保证你有丰厚的物质待遇了。宗藩子孙慢慢出现了严重的贫富两极分化，一是被封王的皇帝直系血亲，他们占有广大的庄田，往往富可敌国，而那些疏远的藩属，却常常只有一个皇室宗亲的名分，并没有多少额外的好处。明末张翰在《松窗梦语》一书中就说：“宗室……贫乏者十居五六，甚有室如悬磬者……”

明王朝出于对宗室子弟的疑忌，还不允许宗藩子弟参加科举考试，不允许其上书言事，彻底断绝他们政治上的出头。这个状态下的宗藩子弟，除了吃喝玩乐，游手好闲，还能做出多少有益之事？其实哪怕在宗藩子弟中，也不缺乏优秀人物，也渴望在个人显名的同时为国家立功，可是你的身份决定了，从你出生之日起，你就只能吃喝玩乐、游手好闲！最恶劣的，就是在地方上拼命兼并土地，聚敛财富，与民争利，所蓄养的豪奴也狐假虎威，欺压良善，不仅是人民的寄生虫，更成为吸血鬼。明末的福王是一个典型的例子，他是明神宗宠爱的妃子郑贵妃所生，最受国家恩宠，富甲天下，可是当李自成挥师进攻他的封地洛阳，形势万分危急时，他却要钱不要命，拒将府中堆积如山的财物散出犒劳守城部队，最后城破被杀，其肥厚的身躯和鹿肉搅和一起，给李自成军凑成了一桌奇特的“福禄宴”！

顾炎武在《日知录》论及明代宗室时，曾说："为宗藩者大抵皆溺于富贵，妄自骄矜，不知礼义。至其贫者则游手逐食，靡事不为。名曰天枝，实为弃物。"另一个学者王士性则直截了当地评价宗室子弟，"生于皇家，适以囚禁之"。他们两人目睹了太多宗藩子弟从"人"变为"废物"的悲剧，才发出了如此沉痛的感慨。

这一切，"谁实为之？孰令致之？"除了他们的祖宗，作为开国之君的朱元璋，还有别人吗？

也许地下的朱元璋会大为不平：我是爱他们的啊。可是，谁说爱你的一个人，就一定不会成为害你最厉害的人呢？

第三章 洪武盛世的另一面

第一节　朱元璋为什么嫉恨江南？

元至正二十七年（1367）九月，盐贩子出身、盘踞江浙的张士诚政权在朱元璋部的进攻下宣告灭亡。这标志着环顾宇内，朱元璋已几乎没有强大的对手，其统一中国的伟业基本奠定。

苏州城被围长达数月，因为之前朱元璋已剪除苏州的羽翼，苏州孤城实处于外无援兵内无粮草之绝境，史籍上描写当时城内“资粮尽罄，一鼠至费百钱，鼠尽至煮履下枯革以食”。但在这种困境中，张士诚仍然拒绝投降，曾多次谋划突围均未成功，最后于城破时上吊自杀，为冲进张府的朱元璋军士所救，然后被作为最大的战利品，送往南京。在凯歌声中，随同张士诚及其文武官员一起被押解去南京的，还有苏州、杭州、嘉兴、松江（今上海）等地的官吏家属和外郡流寓的百姓，计二十余万人。在老对手面前，阶下囚张士诚还是颇有骨气的，闭着眼睛，既不说话，也不吃饭，赐给衣冠也不接受，最后被赐死（或曰自杀）。

张士诚原先统治的以苏州、杭州、嘉兴、松江为主的江南地区，现在划入了朱元璋的版图。但“江南”带给朱元璋的，却不仅仅是胜利者的喜悦。洪武初年（1368），一次微服私访让朱元璋大发感慨：

“张士诚小窃江东，吴民至今呼为张王。我为天子，此邦（吴地）呼为老头儿。”吴地的奢华让他厌恶，吴地的民风更让他不懂，这样一个江南是他这个新天子所不能容忍的。于是，登基不久，朱元璋对江浙地区的整饬就开始了。

整饬全面而系统，整饬的动机，则不单单是经济上的，更有政治和文化的深谋远虑。什么样的深谋远虑呢？即削弱这一地区的异己意识，铲除对王朝统治可能构成威胁的基础。由于历史视界的狭隘，朱元璋对江南的严厉整饬又带有一种传统的、以农业社会为基础的道德理想，包含着对于工商业发展而产生的社会变动的恐惧和仇视。

朱元璋对江南的整饬，首先是从经济的压榨开始的。

明初江南重赋之谜

所谓“江南重赋”，是指明朝在江南地区的苏州、松江、湖州、嘉兴四府，赋税特别苛重的一种现象。时人议论说：“三吴赋税之重，甲于天下，一县可敌江北一大郡，可知也已！”

对江南实行重赋，是朱元璋制定的政策，在明代的各个历史阶段，在朝在野的官绅士庶对这一政策都有激烈争论，改革的呼声居高不下，但终明之亡，“江南重赋”并未有实质性的调整。

在开国奠基后，朱元璋为什么要对江南地区科以重赋？这是个历史学界存在很大争议的问题。长期以来有一个流传甚久的说法，即此乃朱元璋个人泄愤的产物。在朱元璋夺鼎的艰辛历程中，他最大的竞争对手，除了元王朝和“以强恃”的陈友谅，就是“以富恃”的张士诚，而苏、松、湖、嘉一带正是张士诚的大本营。朱元璋消灭陈友谅，移师进攻张士诚所占据的苏州城时，向来被视为民风柔弱的苏州人曾作殊死抵抗。所以，前人多认为，为发泄对支持张士诚的江南军民的不满，朱元璋登基后，便故意对张士诚原辖的地方加征重赋以示惩戒。清人所修的《明史》就采信了这一说法。

但这一说法遭到了一些历史学家的质疑。韦庆远先生是攻治明清史的专家，著有《明清史辨析》《明清史新析》等著作多种，他所撰写的《明初“江南赋税畸重”原因辨析》就是质疑陈说的一篇论文佳作。韦先生重点从江南赋重的历史渊源、明初社会经济情况等方面入手，力图说明，“江南重赋”政策并不是朱元璋个人主观意识决定下的产物，而是当时社会现实的客观需要。而韦先生反驳旧说，最有力的一个论据是：如果说江南重赋是因为朱元璋对江南军民支持张士诚不满，那么他为什么不对曾经支持陈友谅的江西、武昌军民也一样施以重罚？须知，陈友谅当时对朱元璋的威胁远远超过张士诚，陈才是朱的头号死敌。

韦先生的文章，从学理上讲，是无懈可击的，尤其是那最后一个驳论，更几乎让旧说无立足之地。不过，分析历史事件，固然需要充足的史料和敏锐的识见，但同时应该对事件中的人物心理有深刻的体察，这也就是前人曾经说过的，“论史要能撄人心”。而如果考虑到这一点，韦先生的论文又不无可议之处，因为他对朱元璋在灭陈和灭张这两个不同时期的不同心理缺乏分析。从这个角度看，韦庆远先生的论断还有值得商榷的地方。

诚如韦先生所说，“陈友谅当时对朱元璋的威胁远远超过张士诚，陈才是朱的头号死敌”，其时陈友谅声势极盛，从实力上讲在朱之上，鄱阳湖双方决战，虽然最终的大赢家是朱元璋，但以斯时形势之险恶，胜负之反复，朱氏实在只是运气好一点，“幸胜”罢了，对这一点，朱元璋本人也毫不掩饰。而到了朱元璋进攻张士诚的时候，形势却迥然不同，这时只要稍有智识者，就会对战局的走向一目了然：消极应战、苟延残喘的张士诚哪是如日方升的朱元璋的对手呢？这从朱元璋战前的动作也能窥出端倪：他对张是百般劝诱，指望兵不血刃，而对陈友谅，却根本未存劝降的奢望，原因就在于，他认为以张士诚的实力，只有向自己投降一途。然而，事实却大大出乎朱元璋意料，张士诚硬是在重兵围困之下，死扛了近一年，张士诚本人对他的招降也表示轻蔑！仅以常情常理分析，朱元璋在灭陈和灭张这两大战役中，其心理是大大不同的。灭陈，因为是“幸胜”，只会有满心的喜悦，灭张，一个为他所藐视的对手却负隅顽抗，让他付出了沉重的代价，怎不令他恼羞成怒呢？这就好比下棋，一个人面对高手，如果赢了，即使胜来不易，他也会非常畅快，但如果一个向来为自己所瞧不起的对手却偏要战至只剩一兵一卒才肯认输，虽同为胜利，那心理和情绪却显然有天壤之别。从这一视角分析，不是陈友谅，而是张士诚及其所辖江南地区让朱元璋感到羞愤，最后连累江南民众背负重赋，就不是完全不能理解的了。

文化的江南

在中国历史上，“江南”不仅仅是一个地理概念，更是一个政治的、经济的、文化的概念。

自南宋以来，江浙沿海的城市经济日趋繁荣，元统治者更是趋近“功利”，大力倡导海运，鼓励商业，直接导致了两个结果，一是元末江浙地区商品经济高度繁荣，二是给以“崇本抑末”“重义轻利”为基本特征的传统文化注入了新的特质。同时，因为元朝统治者管理相对粗疏，对民间风俗变化不太放在心上，清规戒律较少，江南文化在经济发达的基础之上，也随之得到了蓬勃发展。元末大乱，张士诚割据江浙，他实行的仍然是元王朝的统治政策，所以，虽在战乱之中，但江南地区偏安一隅，文化并未受到摧残，反倒呈现出一种奇异或曰畸形的繁荣态势。

提到元末江浙地区的文化，不能不说到两个人物，一个是大诗人杨维祯，一个是从富商到文人，又是文艺赞助者的顾瑛。这两个人又因为顾瑛所构筑的私家园林“玉山草堂”，而紧紧连在了一起。

顾瑛，字仲瑛，又名阿瑛，别号金粟道人，从小生于官宦之家，祖父任职元廷时，定居江苏的昆山界溪。因为统治者对商业和贸易的重视，元朝的士风发生了一些变化，最突出的是不再视商贾为恶俗。顾瑛得风气之先，十六岁时就在商海中搏击，不到十年，顾瑛再回昆山时，已一跃成为苏州地区屈指可数的巨富之一。

成为巨富后的顾瑛开始了人生中新的重要选择：一是脱离商界，将产业交给儿子打理，自己则潜修文艺；二是在昆山构筑玉山草堂，草堂内不仅有园池亭榭之胜，更有主人耗费大量财力搜集来的古书名画、鼎彝珍玩，从而使这个草堂成为文人最理想的游赏休憩之所。此后数年间，顾瑛依仗其雄厚财力，广邀天下名士，日夜在玉山草堂与宾客置酒高会、啸傲山林，以文采风流著称于东南。“玉山雅集”遂成为中国文化史上一个十分显赫的符号。

据统计，“玉山雅集”前后有一百四十余位文化人参加，诗人、古文家、学者、书画家众角齐备，另外还有助兴的乐师和歌伎、舞姬，真是高朋满座，胜流如云，其规模之宏大、内容之丰富，实为空前，以至于“四方之能为文辞者，凡过苏必之焉”。他们或饮酒赋诗，或品鉴古玩，或挥毫泼墨，或清谈名理，或寄情山水，或观赏歌舞，无不兴尽而罢，可谓极世俗人生之乐事。

参加“玉山雅集”的名士中，就有像诗人杨维祯、画家倪云林等这样的一代文化巨子。杨维祯在玉山草堂所做的最腾播人口，也最让人诟病的一件事是所谓“妓鞋行酒”。当年，这个大才子到底是将酒杯置于妓鞋中，还是直接以妓鞋盛酒，据说曾引来好事者津津有味的考证，其实在我看来，这个惊世骇俗的动作更像一个行为艺术，他具体是怎么做的一点儿都不重要，重要的是，行为艺术的表演者要借此表示他自己，乃至整个江浙文人对僵硬礼法的蔑视，张扬一种新的价值。什么样的新价值呢？一言以蔽之，就是对人性的包容和尊重。在杨维祯们看来，普通人那些世俗的欲望实在没什么可耻的。我们看到，过去被文人鄙视的市井生活，尤其是行商坐贾的逐利生涯，在文人笔下第一次显得那么明丽和健康，昔日总要以“发乎情止乎礼”来规范的男女情爱，也开始回到人性的常轨。“为郎歌舞为郎死，不惜真珠成斗量”，杨维祯笔下的少女，已不再是娇弱的病态，而更具粗豪、本真之美；“郎去愁风水，郎归惜岁华。吴船如屋里，南北共浮家”，诗中商人之妇流露出的对丈夫真挚的情感，还需要如白居易那样的文人去格外恩赐和怜悯吗？旧文人门槛很高，可是在杨维祯这里，却没有各种身份的限制，他遍交各个阶层的人士，和他诗文唱和的，有制笔者，甚至还有替人理发的手艺人，他所编的一部诗集中，某位商贩的作品居然赫然在目。缺乏新的价值观的支撑，没有对世俗生活的热爱，文人就会永远自以为高人一等。

商人地位的提升也是元末江南文化中值得注意的一个特点。商人被贬抑的社会不能称作正常，崛起的商人阶层如果缺乏对文化的热情，不准备使自己获得除金钱以外的尊重，也是一个不健全的社会。而元末富商们，他们几乎都有一个共同的追求，即急欲使自己获得一种文化的认同。他们不仅舍得为“附庸风雅”而大把花银子，更迫切希望使自己和整个家族真正风雅起来。于是，在元末江浙地区，由富商主持的如顾瑛“玉山雅集”一般，纯粹私人性质的“文艺沙龙”一时蔚为大观，文人们在这里被待为上宾，商人们也从文化上获得了极大的提升，中国历史上难得的士、商良性互动的一幕，终于在元末的江南上演了。

而像这样一个“文化的江南”，却是从乡野里崛起的朱元璋所无法理解的。他心目中的理想社会，就是民风淳朴，士农工商按儒家传统规定的秩序各安其位的小农社会。而商业文明发展以后必然带来的社会流动性的加大，又使这个新天子深深恐惧和仇视，他认为这是不利于其控制的。因此，他既要从经济上压榨江南，力图铲除这一地区由工商业而带来的社会富庶与奢华，同时，作为文化的江南也是他要竭力扼杀的。

“文化的江南”风流云散

史料证明，朱元璋对江南的民风和士风早存不满。据《明实录》记载，早在明朝建国前，朱元璋就曾经这样训诫归顺的张士诚旧将：我所用的将领多半是濠泗、汝颍、寿春、定远（现均归安徽省）诸州之人，他们勤苦俭约，不知奢侈，不像你们江浙人，因为富庶就耽于逸乐。现在你们既然归顺于我，就一定要把过去的习惯和毛病好好改掉。

统一天下后，江南虽然已是新天子朱元璋的“王土”之一，江南百姓也无一不是他的“王臣”，但他对江南和江南百姓的疑惧却是并不隐讳的。

明王朝对江南实行的重赋政策是其一；在攻下苏州数月之后，朱元璋下令强迫大批苏州富民迁徙至临濠（今安徽凤阳），这些人甚至被禁止回乡扫祭祖墓，违者受到严惩。这些都是从根本上拔除文化江南的要招。

除此之外，朱元璋对江南人士还充满了强烈的不信任。据考证，朱元璋在位三十一年，苏州知府竟然换了三十次，而且这三十人当中，遭到“左谪”“坐事去”“被逮”“坐赃黥面”“坐法死”等严厉惩罚者就有十四个。尤其是洪武七年（1374）发生的苏州知府魏观被诬谋反冤案，更牵连大批江南名士掉了脑袋。朱元璋对江南士人的猜忌一直到晚年也没有改变，洪武二十六年（1393），他下诏：“浙江、江西、苏松人毋得住户部”，个中原因正如明末人谢在杭所分析，因为户部是管理天下钱粮的地方，而江浙赋税又最多，所以朱元璋特别害怕江浙人进入户部当官后给他玩猫腻；史书上说，在朱元璋当政时期，“浙东西巨室故家，多以罪倾其宗”。

在朱元璋的强力打压下，元末发展起来的文化的江南消失了，取而代之的，是一个外观残破、精神枯滞的江南。

明朝建立后，作为文化江南代表人物的几个知识分子，除了杨维祯被召见又放还，不久病死外，其他人几乎都没有得到善终。玉山草堂的主人顾瑛父子被勒令迁徙后，于洪武二年（1369）在穷困中客死于安徽凤阳；明初所谓“吴中四杰”，高启受魏观案牵连，被腰斩，杨基因别人进谗言，被罚苦工，卒于工所，张羽因事牵连流放岭南，召还，知道不会有什么好结果，于途中投江自杀，徐贲也是因小故被逮下狱死。与“吴中四杰”交游的尚有其他六人，加起来号称“北郭十友”，也全都没有好下场。

云蒸霞蔚、活泼泼的元末江南文化从此风流云散。

许多人对此是不甘心的。“吴中四杰”之一的杨基在世时，曾经向一个朋友打听故乡的情况，朋友告诉他“吴中风景，大异往昔”，他不禁百感交集，写下了一首非常深沉的诗：

三年身不到姑苏，
见说城边柳半枯。
纵有萧萧几株在，

也应啼杀城头乌！

这样一个衰败的江南，即使是城头的乌鸦，也要兴起浓厚的今昔之感！

江南的复苏，要等到明中叶以后了。直到明弘治、正德年间，随着政治上的松动和经济上的发展，萧条已久的江浙地区才重新恢复了活力。一本叫《寓圃杂记》的笔记记载："吴中自号繁华，自张氏之据，虽不被屠戮，人民迁徙实三都、戍远方者相继，……邑里萧然，生计鲜薄，过者增感。正统、天顺间，余尝入城，咸谓稍复其旧，然犹未盛也。迨成化间，余恒三四年一入，则见其迥若异境，以至于今，愈益繁盛。……人性益巧而物产益多，至于人才辈出，尤为冠绝。"在这里，江南城市的演变轨迹是一清二楚的：吴中本来就是繁华之地；朱元璋建国后，"邑里萧然，生计鲜薄"；朱元璋后的正统、天顺两朝，略有恢复；而到了弘治、正德年间，才"愈益繁盛"。作者还特别提道，随着经济的复兴，江南"人才辈出，尤为冠绝"。是的，人才无代无之，关键在于统治者采用什么样的政策。

值得注意的是，弘治、正德两朝，统治者明孝宗、明武宗都不是什么雄才大略的英主，明武宗更被指为荒淫的庸君，而恰恰是在他们的手下，江南经济和文化才又得到了恢复性发展。为什么会有这样一种吊诡的现象？与其说是他们的措施多么得当，毋宁说根源正在于他们几乎没有采取什么强有力的措施。统治者控制力的削弱，对一个企图代代相传的专制王朝可能是个坏消息，但于激发民智和社会进步却是充分利好。其中透露的信息意味深长。

第二节　“不合作即死”：高启被杀传递的信号

中国历史上，皇帝与文人之间的关系一直是非常微妙，又耐人寻味的。明初著名诗人高启和朱元璋的相遇，也不例外。

表面看来，探讨皇帝与文人的关系，把朱元璋和高启作为个案，似乎并不相宜，因为这二人之间的联系远非紧密，彼此也没有多少有趣的逸闻。实则不然。窃以为，把朱元璋与高启放到“皇帝与文人”这个话题中，其典型性一点儿也不逊色于汉光武帝刘秀与严光、乾隆与纪晓岚，因为从朱元璋时代起，从高启被腰斩开始，就标志着皇帝与文人的关系进入了一个新的阶段。

洪武七年（1374），即明太祖即皇帝位的第七个年头，在苏州发生了一个大案。苏州知府魏观本是一个才子，在文学上颇有造诣，词作尤工，同时也有事务之才。苏州前知府陈宁待民苛刻，当地百姓呼为“陈烙铁”，魏观赴任，尽改其所为，“以明教化，正风俗为治”，颇得民心。魏观鉴于元末混战后城市残破的现状，于洪武五年（1372）到任后，大兴城市建设，疏浚城中河道，又重修过去张士诚曾用作宫殿的苏州府，而就是这个工程给魏观带来了杀身之祸。因为张士诚在元末是与朱元璋互不相让的群雄之一，苏州城又是朱元璋的部队费了好大力气才得以攻破，现在魏观重修昔日张士诚的宫殿，哪怕本意是用来作新的苏州府治，属于“废物利用”，在朱元璋派出的窥伺官员的密探眼里，却标志着邀功的大好机会的到来。魏观谋反的控告传到了朱元璋那里，他很快被处以腰斩。在这个耸人听闻的大案中，还牵连到了一个人，这就是被称为元明两代诗人之冠、后人往往拿来与李白作比的高启。魏观和高启本是旧相识，魏观一直仰慕高启的才华，因此到任后，和高启等当地文士的诗文酬酢十分频繁，这次重修苏州府，按旧时惯例要委托名人作《上梁文》，魏氏便请高启撰文，这也就意味着把高启扯进了同一张巨网。高启没有逃脱腰斩的酷刑，终年三十九岁。

如此说来，高启之被刑只不过是因为受了魏观的拖累，完全是池鱼之殃吗？非也。其实，一把利剑一直在诗人头顶盘旋，只不过在寻找适当的时机而已。

自比“仙卿”的高启

高启在元顺帝至元二年（1336）生于苏州。苏州于南宋之后已成为繁花似锦之地，经济和文化发达，浓厚的文化氛围孕育出了高启这样一个天才的诗人。高启早慧，十六岁时在故乡已享有大名，许多长辈名士都愿意与他折节相交。和历史上许多天才纵逸的文人一样，青年时代的高启交织着两种理想：一是尽其所学为世所用，希望建立不平凡的功业，“酒醒无限悲歌意，不觅书看觅剑看”，从这个“觅剑看”的动作中，高启心事如见；一是潇洒出尘遁世远居，不愿受到世俗的污染，高启曾自负地自比为“五云阁下之仙卿”，意思是他本来是天上的仙人呢。这两种理想看似矛盾，实际上是对立统一的，端看诗人置身于一个怎样的时代，诗人面对怎样的际遇。而很不幸，高启遇上的是一个失序的时代：随着元朝统治的逐渐崩解，各种豪杰都开始觊觎那象征最高统治权的“神器”，整个中国陷入割据和混战之中。

元至正十六年（1356），也就是高启二十岁的时候，起兵造反的张士诚占据苏州。这个张士诚虽然出身盐贩，读书不多，却喜欢礼遇读书人，《明史纪事本末》称他“持重寡言，好士，筑景贤楼，士无贤不肖，舆马居室，多厌其心，亦往往趋焉”。他所招募、信任的重臣也往往是才子一流，其中有一个重要智囊名叫饶介，此人很爱重高启的才华，延为上客。张士诚没有什么雄才大略，却能够保境安民，礼贤下士，所以，其治下的苏州在当时的情势中，对文人来说，几乎等于世外桃源。在张士诚统治江浙的十年间，也许是高启一生中最安适最快意的时候。

高启二十五岁时到杭州、绍兴一带游历了三年，这里是张士诚、朱元璋等割据势力和元朝军队争夺地盘的地方，到处是野草和孤魂，正如高启诗中所描绘：“惊沙四边起，寒日惨欲昏。上有饥鸢声，下有枯蓬根。白骨横马前，贵贱宁复论！”吴越之游给了高启很深的刺激，他开始重新认识那些打着各种堂皇的旗号，以征伐为乐的英雄们。从此他对“爱士”的张士诚的延揽，采取了一种不即不离的态度。元至正二十六年（1366），朱元璋消灭另一个劲敌陈友谅后，移师进攻张士诚，苏州城被围困近一年，高启在围城中过着饥寒交困的生活，爱女也因受惊吓而死。城破后，高启回到吴淞江边一个叫青丘的地方过起了隐居的生活。至正二十八年（1368），元顺帝出奔漠北，朱元璋即皇帝位。

经过一场大劫难之后，高启日益厌倦世俗繁嚣的生活。可是，已名扬海内的他却注定无法摆脱这种生活。朱元璋于洪武二年（1369）下诏征集文士纂修《元史》，时年三十四岁的高启也在征召之列。

新政权下的诗人

对朱元璋建立的新政权，高启是一种什么样的态度呢？应该说，起初还是有一定好感的。因为朱元璋结束了战乱，重新统一了河山，更重要的是这个政权是在蒙元异族统治中建立起来的，恢复了华夏特有的衣冠制度，对汉族知识分子而言别有一种亲和力。所以，高启曾经对朱元璋及其新政权放声歌唱，“四塞河山归版籍，百年父老见衣冠”，“我生幸逢圣人起南国，祸乱初平事休息。从今四海永为家，不用长江限南北！”“幸逢中国真龙飞，一函雨露江南归”。“圣人”“真龙”，没有证据认为，高启对朱元璋的这些歌颂完全出于谀佞。诗人是真诚的。

然而，雄猜之主朱元璋所建立的，是一种严苛的统治。清代史学家赵翼在《二十二史札记》中说：“明祖惩元季纵弛，特用重典驭下，稍有触犯，刀锯随之。时京官每旦入朝，必与妻子诀，及暮无事，则相庆以为又活一日。”一个王朝初建，又往往伴随着一场大的利益再调整和再分配，明初的政治架构中，活跃着两大官僚集团，一个是作为朱元璋乡党的淮右集团，一个是非淮右集团，这两大集团在激烈的利益冲突中钩心斗角。在高启入朝的时期，朱元璋对朝臣的大规模杀戮虽然还没有进行，官僚集团的争斗也还没有到白热化的时候，但京城中那种高度紧张、压抑的气氛还是让敏锐的诗人不安了。“强逐车马朝天阍，归时颜色黯如土”，“颜色黯如土”一语中已透露了诗人黯淡的心境。而直接让高启感到精神重压的，还缘于朱元璋对江南和江南文化的摧残。朱元璋攻破苏州后，对吴中世家和富豪们大力抑制，许多文人被迫迁移，辗转流离于道路，其中就有过去和高启极尽诗文唱和之乐的朋友们。从元末张士诚的偏安江浙，到现在朱元璋的一统天下，整个社会在发生深刻的变革，而这些变革往往是读书人一时无法适应的。在寂寞的京城，诗人日益思念家乡的亲人和恬淡的乡居生活。直至回到家乡隐居，他回忆为官的经历时说：“却忆候东华，朝衣寒似水。”其实，“寒似水”的又岂止是那一袭朝衣呢？可见，短暂的出仕对高启来说，是精神上的一种严重折磨。

洪武三年（1370）秋，这时《元史》已经修成，高启突然被朱元璋召见，当面授予户部右侍郎的要职。这可是相当于今之副部级的高官，而且户部管理天下财政，职高位尊，然而高启却坚决推辞。《明史·高启传》写到这一幕时说，“启自陈年少不敢当重任，……乃见许。已，并赐白金放还”。在这简短的叙述中，我们嗅不到任何异样的气味。一个帝王看重文人之才，欲委以重任，而文人出于各种因素，推辞不就，稍知中国历史的人就都清楚，这一幕在皇帝与文人的关系史上，是太稀松平常了。现在朱元璋对高启归隐的请求不但未予留难，而且“赐白金放还”，这一切似乎都还在常轨中运行。看来许多人，包括高启自己，其最大的疏忽就是按老皇历看朱元璋这位新天子。

那么自负、也曾经想建功立业的高启为什么要把唾手可得的官爵推掉？无疑这与他对刚刚建立的朱明王朝的认识有关，与他短暂的在朝经历有关，其避祸的动机是十分显然的。

高启有一首咏雁的词极负盛名，结句说：“须高举，教弋人空慕，云海茫然。”他希望自己永远是那高飞之雁，逃脱人间的罗网。现在，诗人弃官回乡，以诗书为乐，是否就真的成了“教弋人空慕”的雁呢？事实证明，到了朱元璋时代，一张弥天大网已经织成，没有人能够掌控自己的命运。像高启这样的天才诗人，在他的诗的王国里可以如高飞之雁自由遨游，但只要他本人还活在这个世俗的人间，就时刻面临着数不清的陷阱和暗箭。

回到家乡的高启是快乐的，也是谨慎的，除了和家人共享天伦，就是与朋友喝酒、写诗、作文，尽管如此，他还是没能从那张弥天大网中逃脱。

高启之罹难疑案

高启之罹难，表面上看是受了魏观的牵连，实际上远远不是如此简单。朱元璋处理重修张士诚宫殿的案子，不仅腰斩“主要责任人”魏观，连带将高启和另外一些江南文士网罗进去，一并诛除，隐藏着复杂的心理。

高启应魏观之请所作的《上梁文》今已不存，据说其中有“龙盘虎踞”四字。“龙”这个字，几乎是帝王的专利，在中国古代是不能随便用的，“龙盘虎踞”也有特定的使用区域，一般特指朱元璋现在作为都城的南京。现在高启却把这个词用在苏州，那不等于称赞苏州的旧主人、朱元璋的昔日宿敌张士诚为“龙”和“虎”吗？

从明季以来，关于高启之死即流传一种说法，认为高启是因作讽刺诗而遭祸，清人所修的《明史》也采信了这一说法，“启尝赋诗，有所讽刺，帝衔之未发也”。是什么诗呢？原来是高启所作的一首七绝《宫女图》，“女奴扶醉踏苍苔，明月西园侍宴回。小犬隔花空吠影，夜深宫禁有谁来？”这首诗写宫女的生活，她深夜陪皇帝喝酒解闷归来，已经烂醉如泥，忽闻狗叫声。不禁惹人遐想：这个时候了，重重宫禁之中，还会有谁来呢？最后一句可理解为：宫禁森严，有谁敢来？也可理解为：莫非有人来吗？但不管怎样，读者都可以从中读出讽刺的意味。虽然诗中没有对时间和空间给予交待，也为朱元璋所愤怒。那么这一传说是否有据？历代的宫怨诗都有讽刺的内容，朱元璋怎么会如此缺乏度量？明末著名学者钱谦益的意见很有代表性。他在《列朝诗集》中说：“吴中野史载季迪（高启字季迪）因此诗得祸，余初以为无稽。……则知季迪此诗盖有为而作。讽喻之诗，虽妙绝千古，而因此触高帝之怒，假手于魏守之狱，亦事理之所有也。”因为一两句诗，便要大开杀戒，这样的事发生在从来不知吝惜他人生命的朱元璋身上是并不奇怪的。

除此之外，高启之所以给了明太祖那么深的“印象”，让朱皇帝难以释怀，最重要的原因还是在于高启的“不合作”。朱元璋给了高启一个副部级的职位，诗人却不识抬举，当时朱元璋隐忍未发，实际上已恼羞成怒，杀机就是在那个时候酝酿的。一个文人，仅仅因为不合作不出仕，就要掉脑袋，这在中国历史上是一个新的信号。

虽说“自由”是个让古人生疏的词语，然而在朱元璋以前，中国的文人们还是有“消极自由”的。也就是说，一个文人只要不公开和现政权对抗，是有不合作的自由的，大可以优游卒岁。古之隐士、逸民多半就是这一族群。而朱元璋却并不认可文人的这种“消极自由”，他在特种刑法《大诰》中创立了一条空前的峻法，“‘率土之滨，莫非王臣’，成说其来远矣，寰中士夫不为君用，是外其教者，诛其身而没其家，不为之过。”意思是说，知识分子只有两类，要么为他朱皇帝所用，要么不为他所用，对后者，就应该“诛其身而没其家”。这一法令虽然编于高启事件之后，但朱元璋的这种思想却早已形成，并付诸实践了。

洪武元年（1368），刚登上皇帝宝座的朱元璋下诏求贤，有一个叫裕伯的人征病不出，他就下了一道手谕，加以威胁，此人吓得半死，不得不扶病入朝；朱元璋要给名士戴良官做，戴氏以老疾固辞，最后被迫自杀。在朱元璋这里，文人“不合作即死”的政策是一以贯之的。希望天下人才都为自己所用，从某种角度说，仿佛是“爱才重士”的表现，然而出身微贱的朱元璋偏偏又从骨子里嫉视文人。官员有小过，戴上足镣办公；名臣茹太素应诏上书，文字长了一些，朱元璋认为“烦琐”，命杖之；在猜忌心理的作用下，朱元璋又“往往以文字疑误杀人”。

要天下人才为己所用，不合作即死，人才来了后却又以重典待之，更在精神上加以羞辱，这叫文人如何措手足呢？所以，尽管朱元璋实施严刑峻法，还法外用刑，但明初文人“多不乐仕进”。特别是江南文士，代表着与朱元璋无法完全对接的另一种文化系统，朱元璋建立明朝后的高压政策更滋长了江南文士对明朝廷的不满，而刚愎自用的朱元璋并没有意识到自己政策的失误，反而恼羞成怒，变本加厉，于是，皇帝与文人的关系陷入了一种“你杀我要躲，你躲我更要杀”的恶性循环。朱元璋拿高启祭刀，也有看重其影响力的用意，他希望借此给对他离心离德的江南文士一个严重的警告。高启之死必须放到这种背景中去考察。

高启死，天下士大夫无不痛惜。少年时和他齐名的“吴中四杰”都有诗哭悼，四杰之一的杨基诗曰：“鹦鹉才高竟殒身，思君别我愈伤神。每怜四海无知己，顿觉中年少故人。祀托友生香稻糈，魂归丘陇杜鹃春。文章穹壤成何用？呜咽东风泪满巾。”他是把高启拟为东汉名士祢衡的，可是祢衡的疏狂足惊四座，而高启何曾像祢衡那样去击鼓骂曹？纵观高启的一生，他对自己的诗才肯定充满了自负，在文人圈子中或许难免放旷，而一到现实政治领域，毋宁说他相当谨慎。击鼓骂曹的祢衡虽然让曹操下不了台，但最后还是在急性子的黄祖那儿丢掉性命的，而且黄祖很快就后悔了，而谨慎的高启却糊里糊涂遭受了腰斩的酷刑，这只能说明，到了朱元璋时代，随着君权的空前膨胀，中国文人面临着新的难题，其际遇是越来越严酷了。

赵翼在《瓯北诗话》中指责高启“以诗文召祸，何其不自检耶？”其实这哪里是“自检”与否的问题呢？在毫无节制的皇权淫威之下，文人没有什么自检与不自检，只有幸运与不幸运。

第三节　在雄主手下讨生活不易：真实的刘伯温

智谋文化的早熟和发达，是中国一个特有的现象。在这种文化的催生下，中国人特别崇拜智慧人物。而在智慧人物的系列中，有两大偶像，一个是三国时期的诸葛亮，另一个就是元明之际的刘伯温。历代人们给这两位附会了很多神异的传说，传说中，他们不仅神机妙算，而且还能呼风唤雨。鲁迅在《中国小说史略》中批评神化诸葛亮的《三国演义》时说，孔明先生被描写得不大像一个正常人了，“多智而近妖”，而刘伯温也被后世的许多传说扭曲得厉害，即使不“近妖”，我看也是“多智而近怪”。

历史上真实的刘伯温究竟是一个怎样的人物？

神异传说之外的刘伯温

刘基，字伯温。元武宗至大四年（1311）生，他的家乡青田县南田武阳村（现为浙江省文成县，“文成”二字来源于刘基死后的谥号），按元朝当时的行政区划，属于江浙行省的处州路。

江浙地区向为人文渊薮，刘伯温的家乡武阳村虽然是个偏僻的小山村，距青田县城有一百五十多里之遥，但读书的风气不衰。刘基的曾祖还曾在宋朝为官，传到刘基父亲这一代，虽非显第，但无疑是一个中国传统农村典型的小门小户的读书家庭。在这种背景下，刘伯温从小受到了良好的儒家传统教育。《明史》上说，刘伯温“幼颖异”，特别聪明，他的老师即对其父亲说，刘伯温不是池中物，长大后必然光宗耀祖。这些应该都是可信的。《明史》还记载，“基博通经史，于书无不窥，尤精象纬之学”。所谓“象纬之学”，就是通过观察天象和占卜来预测人事的一套神秘的学问。在科学不发达的古代，这种学问有其存在的合理性，如果辅之以缜密的思维和明晰的判断，其所谓预测往往也有应验的时候，这就更给这门学问披上了奇异的面纱。《明史》的这两点记载非常重要，因为它基本勾画出了刘伯温的两条人生轨迹，一个是深受传统儒家教育，作为“儒者”的刘伯温，一个是摇鹅毛扇，作为“谋臣”的刘伯温。两者不可偏废，毋宁说前者还更为重要，但可惜经过野史和民间的渲染，也许还包括刘伯温后人有意无意地“改造”，作为谋臣的刘伯温“压倒”了作为“儒者”的刘伯温。于是乎，本来是一个不无悲剧色彩的传统知识分子，在各种离奇怪诞的传说中，成了一个滑稽多智的怪物，差不多等于是江湖术士之流了。清人在修《明史》时已经对这种现象表示不满了，《刘基传》的“论赞”中有这样一段话，“顾帷幄语秘莫能详，而世所传为神奇，多阴阳风角之产，非其至也”。意思是说：刘伯温策划于帷幄中的那些所谓密谋奇策，现在已无法得知详情，世间流传的多是一些神神道道的东西，并不是刘基人生的主要方面。

作为儒者的刘伯温，照例要重走前辈读书人循环往复的那条道路。元至顺四年（1336），二十三岁的刘伯温参加元王朝的科举考试，考中进士。值得一提的是，按照元朝的制度，年满二十五岁的成年男子才能应考，据当代学者杨讷考证，刘伯温虚报年龄为二十六岁，终于蒙混过关。不过，只要是凭真才实学，在旧时，这倒是读书人的一个佳话。

元顺帝至元二年（1336），已中进士的刘伯温正式踏入仕途，到江西瑞州路的高安县任县丞。所谓县丞，就是县令的属官，官阶还不够“七品芝麻官”，属于正八品，略相当于今日之副县长。

官阶低倒没有什么，按照元朝制度，名列第三甲的进士就只能授予正八品，一个有才华的年轻人，终究是抑制不住的，问题的关键在于，刘伯温运气差了一点，他当时所置身的，完完全全是一个衰世。

作为异族政权，元王朝最大的问题就是迷信武力，不尚文治，故以马上得天下，仍然“以马上治之”，加上其对汉民族的猜忌，故始终没有建立一整套行之有效的制度。到了元朝的末代皇帝元顺帝的时候，元王朝的统治机器更加迟钝和衰朽。大凡衰世，都具备两个重要表征，其一就是吏治大坏，单靠一两个志士仁人已无法改良，上层阶级贪图享乐，文恬武嬉，空前的社会危机迫在眉睫，他们却有意无意视而不见，仿佛“清歌于漏舟之中，痛饮于焚屋之内”；其二，在草野中已经萌动着很多不安定的因素。元顺帝当政时期，自然灾害不断，而吏治不良又使天灾进一步演变成人祸，中国大地，一时饥民、流民、盗匪四起。

饱读诗书，从书斋昂昂然走出的刘伯温，儒家知识分子那种“修身、齐家、治国、平天下”的抱负几乎与生俱来，但他在江西做了五年的小官，最后只能抑郁求退。按照史书的记载，他在江西，“政严而有惠爱，小民自以为得慈父”，想来颇有政绩，但“豪右数欲陷之”，意思是地方上的豪强贵族处处和他作对，最后只好离去，于元至元六年（1340）回到家乡。江西五年短暂的仕宦经历，并未使刘伯温对元政权完全失望，这之后，他又谋到了一个江浙儒学副提举的官职，这是负责地方教育事务的一个岗位，仅比县丞的正八品高一等，属于从七品。志大才高的刘基对此当然也无法满意，好歹干到至正十二年（1352），他辞职了。辞职的理由是身体不好，后人于此有所争论，不过不论刘伯温当时是否真在患病，但他对元政权的灰心，却越来越明显地表露了出来。这从他辞职后所著的那本名著《郁离子》中即可见出。《郁离子》是传统的寓言体，通过假托的人物和虚拟的故事，隐含着两层意旨，一是抒发愤世嫉俗之怀，二是告诉乱世中的人们如何明哲保身。后世的研究者从这本书中还发现了一个有趣的现象，《郁离子》包含了丰富的内容，就是绝口不提忠君。这应该是一个信号，预示着刘伯温不久后转投朱元璋的人生轨迹。

“儒者”与“谋臣”的悲剧

元末衰世中，群雄四起。而在激烈的争夺中，脱颖而出的都是原来为上层阶级所不齿的草莽人物。作为地方上有声望的知识分子，刘伯温不可避免地要和这些人物打交道。

和刘伯温首先发生关系的不是朱元璋，而是方国珍。方国珍，浙江黄岩人，方家兄弟以在海上贩盐为业，因受官府打压，招聚同党，起兵造反。元王朝对他们时剿时抚，而在这个过程中，刘伯温也发挥了作用，要么参与地方上的防务，要么为政府招降出谋划策。

在乱世的纷扰中，刘伯温的这种作为是顺理成章的，而与他是否坚持忠君观念关系不大。如果对传统社会中民变的惊人破坏性有所感知，那么，作为缙绅阶层中的一员，刘伯温的这种本能的阶级反应，就不应该让我们感到惊讶。

等到朱元璋出现在刘伯温的视野中时，事情开始发生微妙的变化。

元至正十九年（1359）十一月，朱元璋的部队攻占了浙江处州（今浙江丽水），因为在故乡的声望，刘伯温和当地另外三个著名知识分子叶琛、宋濂、章溢，一起被朱的兵士送到应天（今江苏南京）去见朱元璋。《明史》记载了这四人与朱元璋见面的场景，“太祖劳基等曰：‘我为天下屈四先生，今天下纷纷，何时定乎？’”朱元璋表现出了礼贤下士的态度，向他们请教如何统一和安定天下，四人中的章溢回答说：“天道无常，惟德是辅，惟不嗜杀人者能一之耳。”意思是只要朱元璋保民安民，就能收拾人心，完成霸业。

刘伯温从此开始了为朱元璋充当谋臣的人生新路。

作为深受儒家文化洗礼的刘伯温，这么快就倒向一个传统观念中的“乱臣贼子”，其中当然有多层因素的作用。史籍中流传一个“西湖望云”的故事，说刘伯温早在投朱之前就发现金陵（今江苏南京）有所谓“天子气”，所以决心“辅之”。这无疑是无稽之谈。刘伯温之投效朱元璋，首先自然缘于对元政权的失望，其次，此时的朱元璋的一些作为契合刘伯温的期待。朱元璋部队的军纪相对较好，朱元璋本人比较能够礼贤下士，朱元璋表现出了强烈的统一天下的愿望，这些都是他区别于其他群雄，而对刘基这样的知识分子具备吸引力的地方。除此之外，还有两点非常重要，一是朱元璋打出了民族牌，以驱除异族政权为号召，二是此时的朱元璋已经意识到，要想统一天下，一味的大破坏是不行的，还必须着手于建设，而要进行建设的工作，又必须依靠缙绅阶层，尽可能维护他们的利益。

早在刘伯温辞官隐居期间，他就在《郁离子》中说，要“稽考先王之典，商度救时之政，明法度，肄礼乐，以待王者之兴”。而此时的朱元璋，颇有一些“明法度，肄礼乐”的气象，他成为刘伯温心目中正在兴起的“王者”，不是一种很自然的事情吗？

关于刘伯温在朱元璋打天下过程中的作用，史籍中有两种倾向各异的记述，要么夸张至极，刘伯温仿佛是言无不中的神人，要么贬低，认为刘伯温只是一个普通的谋士，并没有什么卓越的功勋。我以为这两种记载都有必要审慎看待。以刘基的才华，他当然会在朱元璋打天下的过程中发挥重要作用，但这种作用可能主要体现在大的制度设计、攻取方略上，比如引导朱元璋恢复后方的生产，建立稳固的统治机器，建议朱元璋及早出兵北伐彻底推翻元王朝等等，至于某次战役的细节，恐怕非刘伯温所能决定。像《明史》上说，朱元璋和陈友谅在鄱阳湖大战，刘伯温忽然要朱元璋赶快换船，刚换原来那条船就被飞炮击中，“立碎”，这些传闻都只能姑妄听之。

虽然刘伯温不像传说中那样神奇，但他和其他知识分子一起，帮助朱元璋在乱世中恢复秩序，是值得历史肯定的。过去史学家喜欢说就是这群知识分子使坏，使原本“革命”的朱元璋政权“蜕变”成了又一个地主阶级政权，现在只能让人莞尔一笑了。谁说一个安定的秩序，就只是缙绅阶层，而非平民百姓的渴望？

朱元璋统一天下，刘伯温和其他开国功臣一样得到了封赏，这似乎实现了他的人生抱负，但作为儒家知识分子，新朝的肇建又使刘伯温自觉背负了一种新的使命，这就是“导君于正”，使新皇帝符合儒家的政治文化传统。而就是在这方面，刘伯温开始品尝苦涩的滋味，因为在朱元璋这样的雄主手下讨生活，实在不是一件容易的事情。

刘伯温入明后活了七年有半，在这不算长的时间里，他先后几次受封，又几次被打发回乡。从他第一次被斥退的经历中，可以看出“伴君”确实是一件危险系数极高的工作。当时南京从夏天到秋天一直没有下雨，求雨也没有效果，刘伯温借机指出了三条弊政，一是阵亡将士的妻子数万人都被迫住在“寡妇营”，不许外出；二是营建工程的工人死亡，尸体暴露不收；三是敌方头目既然已经归诚投降，就不适宜充军。古人认为天象由人事决定，刘伯温借求雨的机会进谏，使朱元璋只好同意其请，可过了十来天仍未降雨，朱元璋立即做出了“刘基还乡为民”的处罚。但刘伯温被免职仅三月，朱元璋又想起了他，令他火速从家乡赴南京，恢复了其官职。而到了洪武四年（1371），他在得到封爵之后，再一次被赐归。

如果说第一次被贬，刘伯温由于功名之心未灭还满怀惆怅，那么他后来的被放归，则更像是一种自我放逐。这不仅因为明初同僚的倾轧十分激烈，不同派系之间的权力斗争已到白热化的程度，更因为他对“圣意难测”有了更深的理解，对在雄主手下讨生活充满了忧惧，深知只有韬光养晦才是自我保全之道。

然而刘伯温到底是读书人，尽管他感觉面前这个曾经与自己共过患难的人越来越难以琢磨，但在反复放归、召还的过程中还是要战战兢兢地尽儒者的本分。他劝朱元璋，“霜雪之后，必有阳春，今国威已立，宜少济以宽大”，要朱元璋保存臣子的体面，不应动辄羞辱，都是非常有针对性的；他又提醒朱元璋，对遁逃北漠的元朝大将王保保不能轻敌妄进，结果也被他不幸而言中，名将徐达在追击王保保的一战中，几乎全军覆没。

忧谗畏讥的刘伯温准备在家乡终老，但善于占卜的他不知道，自己的命运并不在自己手中。

死因成谜

隐居的刘伯温，竭力洗尽铅华，表现得像一个不识字的老农，也不和地方官吏来往。他知道，有一双天眼在盯着他的一举一动。《明史》上这样绘声绘色地描述他的谨慎：“还隐山中，惟饮酒弈棋，口不言功。邑令求见不得，微服为野人谒基。基方濯足，令从子引入茅舍，炊黍饭令。令告曰：‘某青田知县也。’基惊起，称民谢去，终不复见。”家乡的父母官因为始终见不到刘伯温，所以换上便服求见，正在洗脚的刘伯温对上门的客人当然不好拒绝，生火做饭以待客，但当县令以实相告时，刘伯温马上变色，自称小民，便立即退避。

如此小心的刘伯温还是出事了。

在温州、福建交界处有一个叫谈洋的地方，此地偏僻而险要，所以成为奸人躲藏之所，刘伯温便派儿子刘琏入朝反映这一情况，建议在此设立一个机构负责巡查，但刘琏绕过了中书省（当时明王朝政府的中枢机构），直接向皇帝奏陈，引起了执政大臣的嫉恨，他们诬陷刘伯温看中了谈洋这块地方，准备作身后之墓地，只是由于谈洋的百姓不同意，所以才希望朝廷在那儿设立机构，以此驱逐百姓。中书省准备借此兴起大狱，这时的刘伯温虽然患病，但仍然不得不扶疾入朝，向皇帝和朝廷说个明白。

刘伯温面对朱元璋，“惟引疚自责而已”，意思是什么辩解的话都不说，只承认“我错了我错了”，朱元璋没有再穷追下去。但不久，在一件小事上，朱元璋还是给了刘伯温一个下马威。朝廷祭奠孔子，仪式结束后，祭祀用的肉分给重臣算是一种荣誉。刘伯温没有参加祭奠仪式，却接受了肉。朱元璋说：刘伯温是学圣人之道的嘛，怎能不参加祭奠却享受祭品？学礼学到哪里去了？下令停发其一个月俸禄。是否接受祭品是小事，停发一个月俸禄也是小事，关键是皇帝行动中透露的信息是意味深长的：他就是想让刘伯温没面子。由此可见最后一次入朝的刘伯温，其处境之尴尬。

处境和心情都恶劣，刘伯温的病情加重了，洪武七年（1374），朱元璋知其病重，赐归田里，这一年的四月十六日，刘伯温卒于家。

刘伯温的死因，历来有三种不同的说法。一说被丞相胡惟庸毒死；二说朱元璋是毒死刘伯温的主谋；三说系病死。对这三种说法，当代学者杨讷在《刘基事迹考述》一书中有过考证，他认可第三说。杨讷的考证是比较有力的。其实从情理上思考，刘伯温当时已经患病，而且又不是当权派，朱元璋和胡惟庸有何必要多此一举？胡惟庸毒死了刘伯温的传闻之所以流行，完全是后来朱元璋为除掉胡惟庸，有意给其罗织了一条新罪名。他没有想到，后世同情刘伯温遭遇的人，不以揪出胡惟庸为满足，又还会怀疑到他自己头上，这真是一种讽刺。

与刘伯温的死因相比，朱元璋在刘伯温死的前后表现出来的态度，更耐人寻味。

在刘伯温还在朝的时候，朱元璋的文集刻成，他赐给了李善长、胡惟庸、宋濂三人，却偏偏没有给刘伯温，这反映出朱、刘君臣关系在刘伯温死前，已比较冷淡。刘伯温病重被赐归，朱元璋颁发了一纸诏书，对二人君臣一场进行了一次总结，其中既责备刘伯温当年不早早归附，也称扬其功绩，最重要的，是表示自己当皇帝后，对刘伯温的安排和处置都是符合“国之大体”的。对刘伯温来说，得到这样一份诏书，肯定不是一件愉快的事情。

朱元璋和刘伯温君臣二人，在身份认识上大概是有一些偏差的。刘伯温虽被人们看成“谋臣”甚至“术士”，但他更自居为“儒者”，然而让他沮丧的是，朱元璋也更多愿意把他当成“谋臣”和“术士”。在一次谁是当今大儒的讨论中，朱元璋就曾经轻蔑地说，像宋濂、刘伯温这样的人哪配称“大儒”？

朱元璋为什么不愿意承认刘伯温为“儒者”？原因很简单，儒者都有“导君于正”的使命，真正的大儒，在传统观念中，应该是帝王师。做“帝王师”，这堪称千百年来中国文人的最高理想，刘伯温也不会例外。问题是，这种理想很多时候只是文人的一厢情愿。自信心太强的雄主们是不承认有什么“帝王师”的，否则那岂非意味着这个世界上还有什么人比他更高明吗？朱元璋是这样，清朝的乾隆皇帝也是这样。一个迂腐的读书人尹嘉铨写了篇文章，其中引用了《汉书 · 张良传》中的一句话“学此则为帝者师矣”，虽然他一再说明“不敢以此自居”，却在一场文字狱中被乾隆抓住了把柄，乾隆愤愤地责问：“其书又有‘为帝者师’之句，无论君臣大义不应如此妄语，即以学问而论，内外臣工各有公论，尹嘉铨能为朕师傅否？……尹嘉铨将以朕为何如主耶？”“你要做帝王师，那把我往哪儿摆？”这就是雄主们从心底里讨厌帝王师的关键要害了。乾隆还有一句痛斥纪晓岚时脱口而出的名言：“朕以汝文学尚优，故使领四库书馆，实不过倡优畜之，汝何敢妄谈国事！”意思更为透彻，原来在帝王眼里，所谓国事其实不过是他家事，是他一人之事，文人之流，哪怕是名义上的老师，都不过是他养着好玩罢了。至此，“帝王师”这顶纸糊的桂冠被乾隆轻蔑地吹了口气便破碎了。

在现实的无情打击下，刘伯温的“儒者”“帝王师”之梦最后破灭了没有？不知道。我们清楚的是，他临终时留下遗命，告诫子孙不得为官。

第四节　争当“教主”的明太祖

读中国历史，当代人常会奇怪，传统社会“君要臣死，臣不得不死”，在君王淫威之下，那时的人们肯定是极度缺乏尊严，天天垂头丧气的，特别是在自尊方面比较敏感的文人，但事实是，旧时代的士子们似乎并不觉得自己活得有多么窝囊，哪怕要直接面对高高在上的君王，他们也并非总是那么一副谦卑可怜的贱相，自认为该争的也还是要争个不亦乐乎，甚至常常至死方休。更令人诧异的是，这些“藐视”君权的狂人，虽然难免结局凄凉，有的要被打屁股，有的会被杀戮，甚至遭遇灭门灭族之祸，但民间的清议，也就是今日所说的“社会舆论”，还是公然站在他们的一边。被君权打压甚至消灭了其肉体的，虽败犹荣，虽死犹荣。即便是要啥有啥的皇帝，对这样一种状况，也好像没有什么太好的办法。

为什么会有这样一种奇怪的现象？那是因为，中国的读书人死扭着“一根筋”。这根“筋”就是：他们倔强地认为，“治统”在皇帝那儿，但“道统”却在我们手里。

“治统”与“道统”的纠葛

简而言之，“治统”，就是指控制社会的实际政治权力的传承，“道统”，则是指管理社会、指导社会中各种关系的思想和理论。用现在的话来说，“治统”是一种统治权，而“道统”，则更像一种意识形态。毫无疑问，治统是由掌握强大国家机器的君王们传承的，像军队、监狱等都是“治统”的外在化，它的威力人们随处可见，道统似乎比较虚幻，然而它的影响却是潜移默化源远流长的，小到后辈们在家长面前说话的语气，大到如何处理人和自然的关系，都是由它所规定的。而对治统来说，道统更决定着自己权力的合法性。古代中国，君临天下唯我独尊的帝王们，他的统治权并不是建立在被统治者同意基础上的，要披上合法而又神圣的外衣，就必须依靠道统对臣民们无微不至无孔不入的教化和宣导。

古人非常重视治统和道统。明末思想家王夫之在《读通鉴论》中就说：“天下所极重而不可窃者二：天子之统也，是谓治统；圣人之教也，是谓道统。”他认为这两者的作用都不可或缺，可以交替对社会发生影响，天下只有在“道”的指引下，再摊上一个贤明之主，才会达到盛世。而相比之下，道统的作用更大，因为这样的盛世毕竟不多，君王颟顸地不遵行“道”的轨迹，治统就会衰绝，但这时候道统却依然还在，“儒者犹保其道以孤行而无所待，以人存道而道可不亡”。基于这种认识，作为具有民本色彩的思想家王夫之，强烈主张以道统制约治统，在他看来，道统由圣人一脉相传，它的正确性无须检验，而治统却常常会因摊上一个坏皇帝而出问题，所以，绝不能让治统脱离道统所设置的既定轨道。

现在我们看王夫之的议论，好像颇有点自恋，但古时代的读书人将道统这个东西看得极为神圣。因为自觉掌握了道统，他们既有自豪感，也培育了一种对国家和社会的使命感。很多读书人，住在穷乡僻野，吃了上顿愁下顿，但物质上的困窘却并没有消磨其胸中的激情，一有机会还是指点江山激扬文字，旁若无人，原因就在于他们相信，自己是道统的继承人。

中国读书人的这种自豪感从何时起的呢？肯定是从孔夫子。孔子最景仰夏商周的“三代之治”，那时候的统治者，如夏禹、商汤、周公等人，既掌握了治统，也是道统的拥有者，所以能至理想之境。但到了孔子时代，天下秩序已乱，所谓“礼崩乐坏”，就是指道统的衰微，孔子显然认定，自己有拯救道统的责任，也具备这种能力。不过，看样子，和孔子同时的人，特别是那些忙于征伐的诸侯们，似乎并不认可这一点，否则孔子不会在春秋末期的各国游说，却处处碰壁，他自己也不会悲观地宣布，准备“道不行，乘桴浮于海”了。

孔子在身后却时来运转，经过汉朝儒家知识分子的不懈努力，终于确立了其“教主”般的地位。从那以后，历代帝王们几乎无一例外地宣称，他们是按照圣人之道来治理国家的。那么圣人之道是从哪里来的呢？孔子已矣，只能是子思、孟子以下，依靠儒生一代代地传下来。传承“道统”的大儒是很气派的，汉代的董仲舒，住在一个陋巷里，中央官员们断案碰到疑难问题，还得去请教他，虽然董仲舒本来并不是一个法学专家，但他引用《春秋》等儒家经典上的几句话，略作申论，就将审案、判案的大的原则定下来了，这就叫“春秋决狱”。帝王们为表示对道统的尊敬，要专门聘请儒家知识分子对自己的接班人即“太子”，灌输圣人之道，尊称太子的老师为先生，给予很多礼遇。这也是表示道统不在自己手里的一个动作，否则他何不自己教育儿子算了呢？

帝王之统是为“治统”，儒者之统则是“道统”，二者的领域里各有各的“国王”，读书人坚持这一点，皇帝们也一度是认可的，可是，到了朱元璋这里，这一套行不通了，他不仅要当掌控政治权力的皇帝，还要当意识形态的“教主”。

羞辱宋濂和“衍圣公”

元明之际，宋濂是公认的大儒，又是明王朝的开国功臣，有明一代的典章制度都是经由宋濂之手建立的。在社会舆论中，宋濂无疑是道统的传承者，朱元璋表面上好像也不得不认可这一点，所以，他要找人给自己的儿子当老师，首选仍然是宋濂。

但从实际考察，明太祖是并不怎么尊敬这位“宋先生”的。宋濂在子虚乌有的胡惟庸谋反案中，如果不是马皇后力保，就差点受牵连掉了脑袋，这且不说，我们只要看看朱元璋对宋濂的评价就清楚了。

《明史》中记载，朱元璋召见一个叫桂彦良的儒生，当面夸奖他说：“江南大儒，惟卿一人。”桂彦良颇有自知之明，加上他也不懂朱元璋的心思，连忙答道：“臣不如宋濂、刘基。”这时候，朱元璋说了句掏心窝子的话，“濂，文人耳；基峻隘，不如卿也”。言外之意是，这两个人哪配称“大儒”啊？

不知这句话是否传到了宋濂的耳中，如果传到，想必宋濂会气得吐血，因为宋濂的志向是穷究“天地之理”和“圣人之道”，本来就以做“文人”为耻辱。我们现在理解的“文人”和古代知识分子所说的“文人”有很大区别。在古人眼里，只要能耍几笔，就可以做文人，一个人被冠以“文人”的称号，意味着你可能没有操守，权力的拥有者可以把你当戏子一样调笑。像汉代的东方朔和司马相如，尽管也很有才，但君王明显是“以倡优畜之”，放在身边取乐的。而“儒”则大大不同，他是要传承道统，以治国平天下为己任的。二十四史中对儒者和文人区别甚严，什么人能够进“儒林传”，什么人则只能进“文苑传”，那是有很大讲究的。所以宋濂对别人把他视为“文人”本来就非常排斥，他在一篇自叙文中，曾经愤怒地质问：“吾文人乎哉！”

朱元璋在上述这段话中，表面抬举桂彦良，实际是打击宋濂和刘基这两个公认的当代大儒，否定其道统传承者的资格。朱元璋难道真的认为名不见经传的桂彦良是大儒？笑话！公认是大儒的刘基和宋濂在朱元璋眼里都没有资格，“余子何堪共酒杯”？

朱元璋不仅要从精神上羞辱自认为是道统传承者的知识分子，而且还要仰仗强大的国家机器，胁迫以道统自命的人在他所代表的“治统”面前低下头来，诚惶诚恐。他坐上皇位不久，就做了一件惊世骇俗的事，即逼迫病中的“衍圣公”到南京来朝见他。

“衍圣公”是一个封爵名，它是孔子嫡派后裔的世袭封号，各朝皆置。被朝廷封为“衍圣公”的人，即成为孔氏全家族的大宗主。

因为汉以后“独尊儒术”，孔子家族在各朝都受到特殊优待，从而使孔氏嫡裔子孙特别是坐落于山东曲阜的衍圣公府（孔府）成为“与国咸休”“同天并老”的圣人之家，以孔府为代表的孔氏家族因此号称“天下第一族”。衍圣公作为这个特殊家族的代表人物，当然也享尽风光和荣华，很少有一个新成立的政权会逼他去朝见的，帝王登基后去孔庙祭拜倒是屡见不鲜。

《明史》记载，洪武元年（1368）三月，徐达攻占了山东济宁，这个时候虽然战事远未完全结束，但新皇帝既已登基，大势已定，衍圣公孔克坚看来根本就不想让新政权对自己有什么不好的观感，赶忙派遣儿子孔希学来拜会徐达。徐达将孔希学送到南京，孔希学上奏，解释父亲因病不能前来朝贺新主，朱元璋很不高兴，给衍圣公下了一道“手谕”，其中明确要挟对方“称疾则不可”。圣人的后裔当然体会得到“不可”这二字的力量，孔克坚“惶恐兼程进”。事实证明孔克坚并没有说谎，洪武三年（1370）春他再次以疾告归，结果在途中就病死了。

在千百来一直号称以孔子思想为道统的古代，朱元璋逼迫病中的衍圣公来向他这个新主朝贺，是对斯文的严重侮辱，当然也是不符合圣人之道的，孔子早就说过，治国的理想境界是“近者悦，远者来”，哪有以暴力作后盾，逼别人来的呢？朱元璋为什么要这么做？从事物的利害关系上分析，孔府已经表示了合作的态度，他根本没有必要这么做，这不会给他带来实质的好处，只会让天下读书人侧目。但朱元璋既然已经这么做了，那他肯定自有他的算盘。窃以为，朱元璋需要的绝不仅仅是圣人后裔对他所建立的新政权的表态，他用一种公开粗鲁的方式，羞辱一切代表旧道统的符号，就是要让天下读书人知道，看老皇历是不行了。

从精神上羞辱了以后，物质待遇上，朱元璋自然不是一个小气的人。老一辈衍圣公孔克坚死后，他的儿子孔希学被续封为新一代衍圣公，明朝廷为他修了十分豪华的宅子，授予光禄大夫（正一品），百官朝会时居文臣之首。他虽然羞辱了孔子的后裔，但却不妨他像前代帝王一样高举儒学，声称“孔子之言，诚万世之师”。这再一次证明，他是知道圣人之学的妙用的，原来也根本没想和圣人及其后裔过不去，他需要的只是“未杀猴，鸡已怕”的效果。

“删孟”：建立“新道统”的标志

朱元璋否定宋濂等人道统传承者的资格，当然有自己的目的：你们这些儒生都不配来传道。可道统还是要绵绵不绝地传下去的啊，谁来传呢？朱元璋当仁不让地认为，这个道得由他亲自来传了。现在，随着朱明王朝的肇建，道统不仅到了他朱元璋的手上，而且他还雄心勃勃，要建立一种“新道统”。

朱元璋对孟子的强烈不满，和其“删孟”的举动，就是他建立“新道统”的标志性事件。

作为亚圣，孟子的火气很旺，思想中也颇有一些原始民主主义的元素，他并非无原则地强调臣民对君王的服从，相反还认为，恶法非法，暴君非君，面对恶法和暴君，人民有反抗的权利。“民为贵，社稷次之，君为轻”，“君有大过则谏，反覆之而不听，则易位”，

“闻诛一夫纣矣，未闻弑君也”，“君之视臣如草芥，则臣视君如寇仇”……这些都是中国思想史上光彩夺目的名言。历代的帝王，面对这些话不可能多么舒坦，不过他们更愿意装聋作哑，因为你孟子宣扬的是暴君非君，而我是明君圣主啊，何必和这些话过不去呢？

然而，朱元璋却不干了。他读《孟子》，到“君之视臣如草芥，则臣视君如寇仇”那一段的时候，不禁暴怒：这哪里是臣民能够说的话？皇帝一发怒后果就严重了，居然要罢免孟子千百年来在孔庙里和列位大儒们吃冷猪肉的资格，而且特地下令，不准臣下对此发表反对意见，否则就要处以“大不敬”的罪名，杀头。可偏偏也有不怕死的读书人，一个叫钱唐的士子还是毅然上疏，反对皇帝把亚圣“打入冷宫”，且公开声明说：“我为亚圣而死，虽死犹荣。”朱元璋这个时候总算冷静了一些，没有处罚钱唐，不久也恢复了孟子配享孔庙的资格，不过终究余恨未消，于是命令臣下“删孟”，将上述那些光彩夺目的名言尽皆删去，共砍掉孟子原文八十五条，只剩下一百多条，编就了一本《孟子节文》，又专门规定，科举考试不得以被删的条文命题。

朱元璋“删孟”所暴露的，不仅仅是一个因背靠国家机器、手握生杀大权而膨胀者的狂妄，更反映出他不以“旧道统”为然，极欲按照他个人对君王与臣民关系的理解，建立一种“新道统”。这种“新道统”的要害唯在于，哪怕恶法，也是法，即使暴君，也是君，“法”和“君”的绝对权威是不容丝毫置疑，更不允许反抗的。不仅不准反抗，连消极躲避做一个隐士的自由也是没有的，孔子认为读书人在天下无道时可以做隐士，而朱元璋则执行“不合作则死”，连这种消极自由也蛮横取消了。

从此，朱元璋不再满足于做一个世俗政权里的国王，而且还要做“教主”。他对臣民思想的钳制是无孔不入的，他的发号施令不仅局限于政治、经济、军事领域，连臣民的生活方式，包括服饰、器皿、居处、往来称谓、婚丧嫁娶的礼俗等，都要过问和监管。比如他特制一种束头发的网巾，取“万发皆齐”“万法皆齐”相谐，正与其专制心理相合，遂颁行天下，全国百姓都要服用；又如他因为对战国时期的纵横家不满，便下令学校里不得诵读《战国策》。

以君王兼教主面目出现的明太祖究竟有没有资格和儒者争道统的话语权?

这个问题，他自己当然认为是毋庸怀疑的。在《明太祖集》中，他毫不谦虚地自称得了“先王之道”的奥妙。他是怎样得来的呢?他说自己绝不是从儒者那里得来的，儒者只不过是圣经贤传的学习者，这些儒者又都是凡胎，学习的过程中屡有迷误与过错，而他自己则不同，通过“中积群言，加以比较是非”的艰苦努力，从圣经贤传中直接体认，终于把“道统”接到了自己手中。在朱元璋自己看来，他简直就是“天纵之圣”。

这个以乞丐、游民起家的人，突然成了建立“新道统”的“天纵之圣”，我们现在看颇有点滑稽，世界上哪有基本不读书而敢自居为“教主”者？但爱拍马屁的人说话了，如清代的著名诗人、史学家赵翼就认为，明太祖虽然目不知书，“然其后文学明达，博通古今，所传御制集，虽不无词臣润色，然英伟之气自不可掩。……此固其聪明天擅，然亦勤于学问所致”，意思是，朱元璋底子肯定薄了点，可这人聪明啊，加上勤奋，你看他留下来的诗文，也许有词臣润色，其中的“英武之气”可是掩饰不住的呢。

我不知道赵翼所谓的“英武之气”何所指，不过有一点是肯定的，他津津乐道的朱元璋的诗文，臣下所做的工作绝非简单的“润色”而已。其实，要判断朱元璋是否真通文义，那本《明太祖集》是靠不住的，最有参照价值的是《明大诰》，因为这是朱元璋自己编写的，记录的是朱元璋发布命令时的原话。而就在这本《明大诰》里，文理不通的话堪称比比皆是！

一个没有上过学，后来只是在马背上学了点文化，虽能诌几句诗也是全无文采的人，他越是对中国文化典籍一知半解，却越爱好把自己装扮成传统文化的正统维护人，这的确是一件好玩的事。

和儒者争夺道统的话语权，朱元璋们肯定是会成功的，不是因为别的而是他们握有权力。到了清朝的康熙，就更牛了，他径直宣告：“道统在是，治统亦在是。”从此只有皇帝才是最大的理论家、思想家，只有圣旨才是判断一切是非曲直的标准，传统儒家在君权之上的道统被彻底颠覆。

“国王即教主”“权力即真理”的格局正式形成了。不过若要追根溯源，始作俑者应该是明太祖。

第五节　洪武朝:“没有私生活”的一代

“隐私权”，这是一个在现代社会才兴起的概念。

尽管如此，却并不能说，古代中国人对“隐私权”的实体就全无感知，就丝毫没有这种意识。中国有一句古话“天高皇帝远”，用来表示一种很自得的状态，为什么自得？因为那个权力至高无上、威严仿佛无所不在的皇帝管不着自己，他们有了自己的空间。

上古老人击壤而歌：“日出而作，日入而息，帝力于我何有哉！”显然，这个老头儿在他的那块土地上，感受到的是一种“我的地盘我做主”的快乐。

而与百姓对立，官方对百姓有自己的空间和“隐私权”则非常不满。秦始皇任用的宰相李斯，就给秦始皇献策，要以严刑峻法消灭百姓的私人空间，在他眼里，老百姓在这样一个私密的空间里，“入则心非，出则巷议”，所说所为都是对皇帝和朝廷不利的，应该禁止才行。

然而在中国传统政治文化中，崇尚法家的秦始皇到底代表着一种被否定的符号，至少表面上是如此。所以，自秦始皇以后，尽管古代中国人没有“隐私权”的概念，但并不代表他们在皇权之下，就没有一点儿自己的私人空间，皇权也很少公开宣示，他们准备把臣民的这点儿可怜的空间也尽数剥夺。

事情到了朱元璋这儿，有了根本性的改变。他仿佛对臣民的私生活充满了兴趣，希望普天下每一个角落里都有自己的眼睛和耳朵，以便窥知臣民们在原属私人空间里的一切言行。于是乎，“没有私生活”，便成为明初人们的一个显著特征，对在朝做官的人来说，尤其是这样。

生活在窥伺中的官员们

关于朱元璋对官员无孔不入的窥伺，有这样几个有趣的故事：

宋濂，这个开国功臣，又是文人领袖，明朝的典章制度都是经由他手制定的，朱元璋很宠爱他，还专门请他做太子的老师。有一天晚上，宋濂家里来了客人，他招待客人，陪其饮酒。次日上朝，朱元璋问他，你昨晚在家喝酒没？宋濂是个朴厚君子，以实对。朱元璋接着又问，和谁在一起喝的？你为客人们准备了哪些好菜？宋濂一一作了如实回答，但心中究竟不免诧异。等宋濂回答完毕，朱元璋哈哈大笑，说宋爱卿真是老实人，没有欺我。宋濂这才知道，他即使退朝居于深宅大院中，也逃不过皇帝的眼睛。

宋讷，国子监祭酒，相当于今之国立大学校长，某日在学校里因学生打碎了茶器，很不高兴。次日朱元璋问他昨天为了什么事情生气？宋讷大吃一惊，道出了原委，说皇上您怎么知道我昨天生气了？朱元璋丢给他一张图，原来，那是皇帝派出的画工，画的一张宋讷生气图。

一个儒生钱宰，被朝廷重召，编《孟子节文》，退朝回家，思念故乡，文人积习不改，便作了一首诗："四鼓咚咚起着衣，午门朝见尚嫌迟，何时得遂田园乐，睡到人间饭熟时。"没想到第二天和皇上一见面，朱元璋就说：你昨天的那首诗很不错，不过你说"午门朝见尚嫌迟"，我可没有嫌你"迟"啊，你这是冤枉我，把这个"嫌"字改一下，改作"忧"怎么样？钱宰当场吓出了一身冷汗，赶紧磕头谢罪。

上面几个例子很有代表性，因为其中既有大员，也有一般小臣，从中可以看出，朱元璋对监视官员下了多大的功夫。尤让人称奇的是，朱元璋对已经退休回了老家的官员，也并没有放松窥探。吏部尚书吴琳，这是正部级官员了。《明史》记载，他退休返乡后，朱元璋特地派人前往察看，使者隐藏身份，偷偷来到吴琳的家乡，看见一个老农正在田中拔草，使者上前询问：这里是吴尚书的家乡，请问他在哪儿住呢？老农非常恭敬地回答：我就是。使者回报皇帝，朱元璋大为赞叹。

朱元璋为什么对窥探官员的私生活如此上心？又为什么有意要将他监视官员的行动透露无遗？

第一个问题很好回答，严防官员对自己玩猫腻。朱元璋骨子里是不信任自己豢养的官僚集团的，这种无孔不入的窥探可以保证双方在并不信任的框架下，达成一种妥协。当然，这个问题还可以换一个角度，即朱元璋是为了防止官员背着他欺民。这么说也没有什么不对，只要我们不过分机械地界定君与民的关系，就很容易理解这两个貌似天差地别的答案，实质上也可能是一个硬币的两面。

第二个问题有些让人琢磨不透，世界上热爱偷窥的人们，几乎没有一个是在达成目标之后，还要把自己的行动透露给对方的，否则还能叫什么“偷”呢？但朱元璋不同，他的窥探也是在别人不知情的时候进行的，是名副其实的“偷”，可他在“偷”完之后，还要告诉你，你被他“偷”了，这真是一个另类。我来告诉你他之所以能够如此另类的奥秘。很简单，他握有让你发抖的权力。世界上的其他偷窥者如果像他这样干，轻则会挨一顿老拳，重的还会吃官司，可朱元璋不会，不但不会，他正要借此明白宣示：你在我面前永远是透明的，没有必要和我玩心眼儿。

为了让臣子们在自己面前永远透明，朱元璋有一套周密的办法，最主要的是建立特务制度。关于明朝的特务制度，一个叫丁易的学者，在民国时期写过一部专书《明朝特务政治》，那本书虽有影射史学之嫌，但其中的材料绝大多数还是可靠的。说起明朝的特务，因为电视媒介的影响，人们很容易把那些秉承宦官旨意，穷凶极恶到处抓人的锦衣卫，都“安放”在明朝下半叶的武宗、熹宗时期，仿佛这是明朝快衰败的时候才有的乱象，其实不然。建立锦衣卫组织的正是明太祖朱元璋。起初，朱元璋设立了“检校”这样一个职务，但因为只赋予了检校侦听、侦伺，而无扣押人犯和处刑之权，于是在洪武十五年（1382），朱元璋又特设“锦衣卫”。检校专门负责察听各级官吏的日常行动，史书上说还包括“风闻之事”，意思是捕风捉影的事他也要费心收集，而锦衣卫则更厉害，它无须通过司法审判机关，对所有臣民均可径行抓捕和审讯，而且它不隶属于中央各部，直接由皇帝指挥调遣，完全是一个权力无边的特别法庭。

锦衣卫经常对落在他手里的官员施加酷刑，而有些官员，皇帝还只是想略施惩戒，并没有准备让他彻底消失，这样，锦衣卫的所谓诸多“不法”之事就传到了皇帝那里，于是在洪武二十年（1387），朱元璋演出了一场怒烧锦衣卫刑具的好戏，他说：审问犯人是司法机关的事，我有时让锦衣卫先问问，不过是要他们先把情况摸一下而已，怎能随意入人于罪？这话有点像说单口相声。我不相信朱元璋对自己授予无边权力的锦衣卫的“不法”之事真的一无所知，他之所以要演这样一场戏，不过是因为锦衣卫的民愤（准确地说应该是“官愤”）实在太大，他面对官僚集团，权且做出一种安抚的姿态罢了。

绑在土地上：朱元璋的治农秘笈

朱元璋对官场事务控制极严，那么对民间又如何呢？

农民在田里种什么作物，他要管。从他建国开始即用严刑强迫人民依照朝廷需要种植作物，“各户务要依照号令如法栽种桑株、枣柿、棉花，敢有违者，家迁化外”。

民间风俗，他要管。早在洪武元年（1368），即朱元璋即帝位后的第一个年头，有一个叫高原侃的官员进言，认为京城百姓遇到丧葬，均设宴席，聚亲友，“作乐娱尸”，“无哀戚之情”，这样的风俗极坏，应该禁止。朱元璋即命令制定丧服制度，让天下遵照执行。

百姓的生活方式，如婚姻礼节穿衣戴帽等琐事，他也要管。以服饰为例，洪武初，朱元璋主要从面料、样式、尺寸、颜色四个方面，确立了明代服饰制度。这套服饰制度的中心内容是贵贱有别，服饰有等，不同阶级不同等次的人，都只能享用本等级的服饰，不能混同，更不能僭越。如明法典规定，只有王公贵族、官员，才能使用锦绣、绫罗等服饰面料，庶民则只能用绸、素纱，至于商人，因为位居四民之末，是朱元璋要大力抑制的对象，更是连绸、纱都不准使用，只能用绢和布了。服饰等级制度可不是说说好玩的。整个洪武年间，朱元璋屡次申述服饰禁例，一旦有人违犯，就会受到严厉制裁。当时有百姓不许穿靴的禁令，有三十多位南京市民就因为违反了这条禁令都被充军了。

在民间事务上，朱元璋为什么如此苛细？因为这契合他的建立小农社会的理想。当然，我们也应该承认，他的强制性的移风易俗有一定的历史合理性。朱明王朝是建立在蒙元异族统治基础之上的，按照儒家传统观念，风俗和人心密不可分，因此推翻蒙元“冠履倒置”的旧制，重树“汉官威仪”是其要务。同时，明定制度，使民间的风俗和生活方式回到为儒家所规定的“礼”的轨道上来，也部分寄托着崇俭去奢、人心归厚的淳朴愿望。然而，如果超越儒家伦理，以今人的视角观照，又不能不说，明王朝的移风易俗中，又肯定包含着一种蛮横而无知的东西，更不用说对个人权利的肆意侵犯了。

怎样评价朱元璋对民间事务的严密控制，今人角度不同，难得一致，以现代眼光施以道德评判，也殊难让历史中人心服。也许更值得讨论的是，他依靠什么来完成他对民间的这种严密控制？中国疆域广阔，加上造物主又赐给人一双脚，今天在天南，明天在海北，要想严密控制实在是戛戛其难。

怎么办呢？朱元璋的秘笈只有一个，那就是将百姓牢牢地绑在土地上，使你的脚不能随便乱跑，要跑也在他划定的范围内，这样，你就永远在他的控制之中。

据《明太祖实录》，洪武十九年（1384）四月，朱元璋对全国发布了一个命令，要士、农、工、商这四民各守本业，医生和算命的不得远游，百姓凡出入、作息，乡邻都必须相互知道，如果偷偷跑到他乡就算违法，要被流放到边远地带。这一规定在朱元璋于该年所编的《大诰续编》中又有了详细的演绎与发展，其中说道：邻里之间，家里有多少人，从事什么职业，互相都要知根知底，乡里的甲长和县、州、府衙门对这些也要一清二楚；不论城市和乡村，绝不允许有游手好闲之人，若一里之间，百户之内，出现闲人，而甲长们坐视，邻里亲戚也不捉拿，而该闲人又有犯法之事，闲人一律处死，其所在地的甲长和四邻都迁到边远地区。洪武二十七年（1392）三月又下发命令，规定若有离开本土者，乡邻不仅要知道他去了哪里，还要知道他靠什么为生，如果不知其下落，这人久去不回，乡邻们都要受到惩罚。……

光靠惩罚和连坐犹嫌不足，为了让农民安于本分，使其永远不能离开其所耕种的土地，除有黄册、鱼鳞册登记户口和土地外，朱元璋又设置了“路引”的制度。所谓“路引”，大概是加盖了官印的一个纸片，农民在百里之内可以自由通行，若要出百里之外，就由官府核查，发给“路引”，作为外出的凭据。官府在各条要道上设立一个叫巡检司的机构，专门负责盘查往来之人，如果你离开本土百里，而又没有“路引”，巡检司就会将你擒拿送官。

据考证，“路引”制度在洪武初年（1368）即已施行。这一制度的威力是中国历史上前所未有的，洪武六年（1373）八月，江苏常州的一个百姓，祖母病危，急于外出求医，仓促之间不能申领路引，为当地巡检司拿获，要送到司法机关问罪。这时佳话出现了，“朱元璋闻而释之”。的确是佳话，但这是怎样让人心酸的佳话！

史学家谈迁在他的巨著《国榷》中说，明初规定夜晚不能一群人聚在一起喝酒，村子里深夜里不能有人行走，所以，人们常常稍有不慎就会因“口语细故”而被流放和充军，他的家乡为此而充军的就高达六千余人。谈迁生活在明末清初，他提到这一点的时候还情不自禁地说：“言之至今心悸也！”

从控制力的强弱看“盛世”

在朱元璋的努力下，人们的私生活被消灭，洪武朝当之无愧地成为中国历史上控制臣民最为严密的王朝。略翻史料，对这一点都会有清晰的印象。但这只是一种感性的东西，而要论到理性层面，我们又常常听到另一种观点，即朱元璋是中国历史上，至少是明朝历史上最伟大的皇帝，他一手奠定了朱明王朝的盛世……

据说，以上这种观点是“辩证地”“历史地”看朱元璋的结果。可我实在不明白，一个控制臣民最严密、臣民连私生活都没有的王朝，怎么会成为盛世？如果说那就是盛世，真应该把号称“辩证地”“历史地”看朱元璋的人投放到明初，让他们体验一下没有私生活，近乎裸体的生活。

可能有人会认为我是在混淆辩论的语境，因为他们只是在讨论明朝这一个特定的时段，而在这个时段里，朱元璋无疑是伟大的皇帝，洪武也肯定是明朝的盛世。他们也许还会自以为有力地反问我：如果朱元璋的洪武朝不是明朝的盛世，难道以后的宣宗、孝宗甚至更昏庸的武宗时代才是吗？

然而，我要说，即使是回到这样一个具体的语境和特定的时段，我也无法同意洪武是明朝的盛世。之所以出现这样的分歧，关键的一点是，我们大概在对"盛世"的界定上有着根本的不同。

我当然承认朱元璋是一个手段非常高明的皇帝，否则他也不会对他的臣民具备那么强大的控制力，在其治下几乎没有出什么大的乱子。可是仅此一点，似乎只能说明洪武朝是朱元璋这个雄主的盛世，而不是他可怜的臣民们的盛世，一个简单的常识是，没有人会把自己总是"裸体"的朝代称为盛世。

把目光投到中国历史，硬要论定哪朝哪代是盛世，具备什么条件才能够称为盛世，肯定言人人殊，但我们可以从最容易让人理解、最容易得到当代人认同的角度入手，比如，能不能说：一个臣民的私人空间越大的王朝，离盛世的标准越近？

因为今人已不存在私人空间大小的问题，这样一个标准或许卑之无甚高论，但放在中国古代，那意义可就非同凡响。试想一下，在"普天之下，莫非王土，率土之滨，莫非王臣"的时代，怎样才会导致臣民的私人空间变大呢？答案只有一个，这就是王权的铁爪已经松动。不论这只铁爪是没有能力握紧，还是有意放松或是被迫，其客观上带来的变化将是石破天惊的。不仅会有人性的苏醒，民智的复苏，更有社会的进步。

以明朝为例。开国的明太祖朱元璋和后来的明成祖朱棣，都颇得历代史家的好评，公认其手腕高明，王朝根基稳定。然而，这种稳定是以什么作代价的呢？是对民众的强力控制！史家告诉我们，从明成祖朱棣开始，越往后，明朝皇帝的治国能力越差，一蟹不如一蟹，可是从史料上看，明中叶以后，因为朱氏皇权的控制力已经无法恢复到他们的祖宗朱元璋的水平，整个社会反倒迸发出了洪武朝无法想象的活力，出现了“资本主义萌芽”。这一现象不值得我们深思吗？

一个控制力太强的王朝，绝不是民众和社会的福音。如果硬要我在洪武朝和明中叶以后的所谓“衰世”中选择其一，老实说，我宁愿选择后者。

第六节　八股、文祸与学校同兴

考察朱元璋和文化、教育的关系，颇让人挠头。

这个没读过几天书的草莽皇帝，虽然历来有人捧他是“天纵之圣”，加上刻苦勤奋，据称在文化修习上达到了很高的水准，能够熟练地吟诗作文，但究其实，那些留传下来的御制诗文都是靠不住的。唯一能够确凿证明出自朱元璋之手，未经词臣润饰的《大诰》，不仅暴虐乖张，还充满了大量文理不通的内容。

可是说朱元璋的文化水平不高是一回事，说他对文化教育是否重视又是另一回事。这个草莽皇帝，即使放在历代所有帝王中，他对文化教育的重视也应该排在前几位。

正因为朱元璋对文化教育的重视，这种重视催生了不少带有明显朱氏色彩的措施，而这些措施究竟结出了怎样的果实，却又是一个让人一言难尽的问题。

兴学校：伟大的善政

在明代以前，中国的教育体系中，政府举办的官学和民间举办的私学是并存的。由于政局的动荡和执政者的认识不同，官学时兴时废，而且即使在官学兴盛时期，一般也只局限于京师，在郡县等地方，则只能看地方官员是否重视，否则就全赖民间力量，以个人名义和“私塾”“书院”等形式传承文化。

朱元璋不同，他平生重视两个东西，一个是农桑，另一个就是学校，将这两者作为立国之本。洪武元年（1368），朱元璋刚刚即位，一个叫周宗的人上疏，请天下府州县开设学校，朱元璋非常欣赏这一建议，立即采纳。从此明朝的教育网络遍布全国，中央有国子监，各地的府、州、县则有郡学、社学等等。洪武朝堪称中国历史上遍设学校之始。

教育是个需要大投入的事业，朱元璋在这一点上毫不吝惜。对教官，待遇优厚，地位尊崇，严禁地方官员差遣教官，干得好的，可以提拔到中央和地方任职，如上海的一个教官就从一个未入流的学官，一跃而为户部侍郎，成为正三品的中央大员。对学生，保证其衣食无忧，专心向学。据史料记载，国子监（相当于今之国立大学）学生的伙食由朝廷免费供应，服装按季节颁赐，有家眷的，还允许带家眷入学，由马皇后给这些家眷提供粮食，逢年过节，朝廷对学生例有赏钱，朱元璋本人也常常特赐学生财物。府、州、县等地方学校的学生，每月定量供给米、肉，同时除学生本人外，还免除家里两个成人的差役。为了保证学校财政不会出现困难，朝廷专门拨出一定数量的官田，田租收入全部用于办学。

自唐末五代以后，随着中国经济重心的南移，反映在教育上，就是北方教育落后，教育机构奇缺。朱元璋采取了一系列措施，如选派国立学校中的优等生去北方从事教育，并给予物质鼓励，颁发书籍给北方学校等。

为了鼓励书本文具的生产流通，朱元璋又规定，书籍笔墨等物，免收商税。

以上办法，在很多方面都是前无古人。所以，明代的教育获得了极大的发展。《明史》中称“无地而不设之学，无人而不纳之教”，又说“明代学校之盛，唐、宋以来所不及也”。这并非溢美之辞。

当然，作为一个专制王朝的帝王，朱元璋的大办教育难免带有他个人和旧时代的阴影。最严重的一点是，对学生的管束过于苛刻。学校的禁例甚多，大的方面，如禁止学生对所谓“军国政事”发表言论，不许代人打官司，不许为民间冤情越级申诉，小的方面，更规定，“生员不得擅入厨房，议论饮食美恶，及鞭挞膳夫。违者笞五十，发回原籍，亲身当差”，“敢有毁辱师长及生事告讦者，即系干名犯义，有伤风化，定将犯人杖一百，发云南地面充军。”

学生饮食由朝廷免费提供，但饭菜既是给人食用，就应达到起码的水准，如果当事者不认真不精心，草草供应，学生却连私下议论的资格都没有，不仅不近人情，而且可能助长那些敷衍塞责者的气焰。果然，后来就闹出了乱子。国子监第一任祭酒（相当于今之大学校长）宋讷对学生单靠严厉立威，伙食很差，动不动就处罚，甚至出现学生饿死的惨状。一个叫赵麟的学生受不了虐待，在学校里贴出一张壁报抗议。按照校规，这是“毁辱师长罪”，应该打一百大板充军，但朱元璋听说此事后，却认为学生向师长抗议，此风不可长，竟法外用刑，把赵杀了，并且在学校前立了一根长竿，将赵麟的头挂起来吓唬其他学生！说来好笑，这个血淋淋的竿子一直竖在那儿，居然要等到明史上以荒淫出名的明武宗出场，才被下令撤去。史籍上说，明武宗南巡，到了南京的国子监，看见这个竿子感到奇怪，说这是做什么用的呢？教员回答是挂学生脑袋的，武宗大不以为然，说了一句很朴实的“名言”：学校岂是刑场！撤掉吧。这根血淋淋的竿子一共竖了一百二十六年。

今人对上述问题当然不必避讳，但只要承认人总是难以超越自己的时代，就不会作无谓的道德批判。明朝教育事业的普及无法否认，各级学校也为朱明王朝输送了大量人才。后来清军入关，明朝已亡，仍然涌现了大量忠义敢死之士，为此，一位明遗民认为，之所以如此，就是因为明朝大兴教育，学校教养的恩泽深入人心，由此而见“太祖法制之善，历三百年而未敝也。”这是站在明王朝立场上的一种评判，而我，更愿意正面评价朱元璋倾国家之力举办教育事业的意义，因为这样的意义是超越一朝一代，而能传诸久远的。

八股：“英雄入彀之术”，“焚书坑儒之心”

朱元璋煞费苦心、不惜成本地培养人才，但其选拔人才的方式，即以八股取士，后来却受到了最猛烈的抨击。

把科举考试的内容限定在圣贤的几部经书之内，本来不是从朱元璋开始的，宋朝的王安石是始作俑者。朱元璋的“创造”在于，他和他的文臣们（据说主要是刘基）一起，把科举考试的文体格式僵硬地固定了下来，文章怎么起头，怎么转折，怎么结尾，都必须一丝不苟。这样一来，文章立意早已是圣贤的，格式又是统一的框框，逼迫天下读书人把才思浪费在“八股”这个小小的螺丝壳中，只能在螺丝壳中看谁的道场做得漂亮，徒然耗费青春，这与其千方百计造就人才的初衷不是截然相反吗？这是为什么？

清末著名改革派思想家冯桂芬在他的著作中，记载了他在林则徐公署中听到的对朱元璋以八股取士用心的评述：

当时有多位读书人在林则徐公署中喝酒，谈到八股文时，一位说：“用八股取才，难得真才。”另一位则笑道：你这简直是一句废话，考八股，本来就不是准备选拔人才的嘛。明太祖首创八股取士，其初衷就是唯恐天下豪杰起而与他为难，所以竭力要禁锢读书人的心思才力，而要做到这一点，把读书人限制在八股中无疑是最好的办法。过去秦始皇怕读书人厚古薄今，非议朝政，焚书坑儒，唐太宗实行科举，看到应举人很多，高兴地说“天下英雄入吾彀中矣”，而明太祖更进一步，把读书人限制在八股中，等于将秦始皇和唐太宗合二为一，其办法是唐太宗的“英雄入彀之术”，其用意则是秦始皇的“焚书坑儒之心”。

这样一种看法在明末以后的思想界是非常普遍的。清初思想家顾炎武痛下断言，“愚以为八股之害等于焚书，而败坏人才，有甚于咸阳之郊”。在他看来，朱元璋的这一招比秦始皇的焚书坑儒更厉害，后果也更严重。

但也有人对此并不认同。现代著名史学家钱穆痛恨八股文，在《中国历代政治得失》中说，八股“是明代考试制度里最坏的一件事。从明朝下半期到清朝末期这三四百年间，八股文考试真是中国历史上最断丧人才的”。但他同时又认为，今人并不能因此就说，这是专制皇帝有意愚民，一开始就想出这么个东西来摧残人才，因为八股格式的完全确立不是一个时期的事，而是慢慢形成的，开始时目的还是在录取真人才。

综合以上两种看法，一个说朱元璋创立八股的目的就是压制和摧残人才，另一个说不然，其初衷还是想录取真人才，表面上针锋相对，但在我看来，二者所讨论的实际上并不是同一个问题。

为什么要这样说？

认真思考一下，便不难发现，以上争论双方犯了一个非常低级的错误，即在讨论问题之前，没有把他们要用到的概念进行厘清，而因为连概念都没有首先统一，双方表面争论热烈，实则是自说自话，几乎成为一种“鸡同鸭讲”。

这个必须厘清的概念就是“人才”。认为朱元璋创立八股是为了摧残人才的人，他们心目中的“人才”，就是能够对国家和民族做出贡献，哪怕其思想不能为一国君王之所容的人，这样的人才观超越了一朝一代的限制；而后者心目中的人才，则是符合君王之意、效命于君王，并为其王朝稳定发挥作用的人。

于是以上两种看似针尖对麦芒的观点就都可以成立了。确实如钱穆先生所说，朱元璋创立八股，并不是存心要压制人才，还是想得到真人才，不过，这里的“人才”应该加一个限制，即符合朱元璋圣意、能够为他所用的人才。而要选拔、录取这样一类人才，又必然和“超越一朝一代限制”的要求发生冲突，于是，后世的人们因此而不断感叹：八股对那些能够对国家和民族做出贡献的人才真是一种巨大的摧残！就现代社会里的人而言，这样一种判断应该是一个常识，即一个王朝君主的利益和整个国家的利益并非一种全同的关系。理解了这一点，就能准确理解八股对朱元璋和对中国这个国家的意义。

“以文字疑误杀人”的背后

朱元璋一方面努力培养人才，另一方面用八股来束缚人才，其目的都只有一个，这就是让天下人才顺着他指定的模式和方向生长，最终为朱明王朝效力。他的大兴文字狱，同样也是服从于这一目的。

前人关于明初文祸，有很多论述。

清人赵翼在《廿二史札记》中说：“明祖通文义，固属天纵，然其初学问未深。往往以文字疑误杀人，亦已不少。”

今人顾颉刚在《明代文字狱祸考略》中说，明代文字狱祸，最严酷的“莫甚于明初”。

当代一位史学家更认为：就残酷程度和屠杀的人数之多来看，明初文字狱远远超过清代。

明初文字狱流传着许多耸人听闻的故事：

逢喜庆节日，或朝廷有什么恩赐，臣下应该上表谢恩或歌功颂德，按说，这完全是一种走过场的文字游戏，然而如果稍不小心，上表的文字就会触犯朱元璋的忌讳，弄得人头落地。如浙江人林元亮，因朝廷增加官员的薪水，上谢恩表，用了“作则垂宪”的成语，被诛；北平人赵伯宁，因皇上大寿，作《万寿表》，内有“垂子孙而作则”的词句，被诛；福州人林伯景，撰《贺冬表》，以“仪则天下”四字被诛；常州人蒋镇，元旦上《贺表》，以“睿性生知”四字被诛。朱元璋为什么要忌讳这些东西呢？原来，“则”字与“贼”谐音，“生”字又和“僧”音相同，而朱元璋早年作和尚，后投红巾军，他认为是臣下有意讥笑他当过和尚、做过贼呢。

君王忌讳一多，拍马屁就成为了一门高难度的艺术，因为风险性大大提高了。有一个人逢节日照例上贺表，其中“天下有道”“万寿无疆”两个成语让朱元璋寻思起来：他说“天下有道”，是不是讥讽我不善于治理天下，而国有“盗”贼呢？“万寿无疆”，莫非说我大明疆域不保？下令逮来审问，那人辩称：臣有一言，皇上能否听我说完，再治我死罪？朱元璋答应了。那人娓娓说道：皇上您不是不知道，“天下有道”这个词语，是至圣先师孔子的格言，“万寿无疆”则是《诗经》中臣下对天子的祝福，如果这都涉嫌诽谤的话，那天下人还怎么说话和写文章呢？朱元璋一时语塞，悻悻地说了一句：这老头子还嘴犟。放他回去了。满朝文武大为惊异，纷纷议论：好几年了，这可是第一个被宽容的人啊。

文章篇幅长了，容易被抓住小辫，但写短短几行诗也一样会出娄子。陈养浩作诗云“城南有嫠妇，夜夜哭征夫”，朱元璋认为这是指斥他不体恤戍边的将士和家属，将其投于水；元末一位高僧一初和尚，夏天来了，写了首律诗，其中有一句“热时无处可趁凉”，朱元璋大为愤怒，招其质问：你这诗是什么意思，天下之大，连趁凉的地方都没有，难道不是说我法网太密刑法太严？将其治罪；朱元璋一次微服私访，到一寺中，见壁间有首专咏“布袋佛”的诗，诗曰：

“大千世界活茫茫，收拾都将一袋藏。毕竟有收还有散，放宽些子也何妨！”因为当时正是朱元璋大搞严刑峻法和法外用刑的时期，此诗颇有针砭之意，朱元璋当然也读出了诗的意思，命令将全寺和尚尽皆杀掉。

以上这些故事，多半出自野史笔记，未必都很可信。当代，有香港的史学家撰文考证，确认某些传闻并非事实，这本来是非常有益的工作，但作者又由点及面地进而推论，认定朱元璋并没有大搞文字狱，关于明初文祸的记载多是文人对朱元璋政策不满，而生造出来的。在我看来，这又是典型的“真理向前一步便成了谬误”。一两起个案的被否定，怎么就能够得出一个普遍性的结论？就拿明初臣下进表惹祸来论，《明史》这样的正史中也有清清楚楚的记载，如《文苑传》中的浙江金华人苏伯衡，就是“坐表笺误，下吏死”。试想一下，饱读诗书的人，绝不可能在给皇帝的贺表中真弄出多大的纰漏，而现在居然因此致死，毫无疑问是因为很琐细的缘故，这不是实实在在的文祸又是什么？只不过，正史不像野史那样，将此人因文字罹祸的细节交待得那么清楚和富有传奇性罢了。

更重要的，明初文人之祸，史籍昭彰，远非一桩两桩，像著名诗人高启的被腰斩，牵连文人甚多，尽管说法不一，但得罪的缘由之一还是高启的诗文，这是毫无疑问的。像这一类事件，罹难者究竟因为哪一篇具体的文章和哪一首具体的诗惹上了麻烦，我们也许很难遽而断定，但既然是因文而起，而且罹难者死非其罪，说其是“文祸”又有什么不可以呢？

朱元璋“以文字疑误杀人”的背后，透露出了两种隐秘的心理。

一是自卑和狂妄自大混杂的畸形心态。他出身微贱，从小失学，过分敏感，生怕别人，尤其是读书人瞧不起他，因此处处要显示他君临天下的威风。怎样显示最有效？那就是对社会上向来地位很高的读书人进行羞辱，施以屠戮，这样既可以立威，又可以得到一种"我终于主宰你了"的快感。二是总觉得文人狡狯，对读书人充满了疑忌。有这样一个故事：有人向他进言，要提防文人诽谤，并给他举例说，比如过去割据江浙的那个张士诚吧，他对文人那么好，但还是被戏弄了，文人给他起名叫"士诚"。朱元璋说这名儿好啊，那人说：好什么啊，《孟子》中有一句话，"士，诚小人也"，文人这是讽刺张士诚是小人哩。据说就是在此之后，朱元璋"览天下章奏，动生疑忌，而文字之祸起矣"。这个故事的真实性且放在一边，不过，考虑到汉字的复杂和巧妙，和朱元璋在传统文化方面的那点底子，故事中揭示的朱元璋疑忌的心理还是可信的。想想看，朱元璋既然知道文人爱弄文字游戏，而他自己偏偏又对此道一知半解，那么在他拿着文人献上的文章和诗词，左看看右瞧瞧的时候，当然难免觉得这也不对劲那也不对劲了。一个可怜的人。

第七节　枭雄也有幻灭时：暮年朱元璋

“幻灭”？这个词用到朱元璋身上似乎过于离奇。口含天宪、主宰天下的皇帝怎么会产生幻灭感，何况是在皇帝系列中以强悍著称的朱元璋？

但幻灭作为人的一种正常心理，并不随权力大小而转移。

从朱元璋亲审卖毒药案说起

在朱元璋晚年所编的特种刑法《大诰三编》中，记录了一个奇特的案子。

医生王允坚私售毒药事发，朱元璋命他服下自己配制的毒药，待毒性发作，又要其交待解毒之方，用“粪清插凉水”为他解毒，次日才枭首示众。先看这段原文：

> 本人持药在手，颜色为之变，其态忧惊，犹豫未吞，督之乃服。既服之后，随谓之曰：“此药以何料成？”曰：“砒霜、巴豆，饭粘为丸，朱砂为衣。”曰：“服后何时人丧？”曰：“半

昼。”语既，允坚泪堕。朕谓曰：“尔所以凄凉者，畏死如此乎？眷念妻子如此乎？”曰：“一子见军，一子在外，故悲焉。”呜呼！其王允坚初卖毒药以毒人，不行反顾，推眷恋妻子之心，径以毒药毒人。及其自服也，药方入腹，眷恋之情，畏死之道，一时发见。呜呼愚哉！至此而若此，亦何济哉！然终不以此药致本人之死，何故？若督令服此药而死，是药之也；解而后刑之，法也。随问允坚：“此毒还可解乎？”曰：“可。”“何物可？”曰：“凉水生豆汁，熟豆汤，可愈。”朕谓曰：“此解不速，余何速解？”曰：“粪清插凉水。”“粪清用多少？”曰：“一鸡子可。”于是遣人取凉水半碗，粪清一鸡子许，候至毒作，方与之解。少顷，允坚身不自宁，手搔上下，摩腹四顾，眼神张皇。朕谓曰：“毒何尔患？”曰：“五脏不宁，心热气升。”谓曰：“此毒身死，伤何经络？”允坚对曰：“五脏先坏。命死矣，身墨黑。”谓曰：“几时可解？何时不解？”曰：“三时候不解。”朕见毒兴，令人与之解。本人痛利数番，其毒洁然，人复如初。明日，枭令以正其罪。

这段话文理不是十分通畅，反映出了明太祖真实的文化素养，所幸事件本身很明朗，读者不难读懂。那么读懂之后，我们从中看到了一个什么样的明太祖？一个高度好奇的人，一个一丝不苟的科学实验者。好奇不是坏事，对未知领域的探求渴望推动着人类进步，而科学实验更需要一丝不苟的精神。只不过，成为明太祖实验品，在求生不得求死不能中挣扎的，是一个活生生的人，明太祖所好奇的，是一个人吞服毒药后究竟会有何种反应。

在“服毒及其反应”这项测试中，不能不承认，明太祖是非常敬业的，他不但认真记下了服毒者的神态和生理上出现的种种异常，还对其逼近死神时的心理高度关注。整段文字，给人的感觉是细致入微绘声绘色，完全能够想象，当事人明太祖从中获得了多么大的心理满足，以致可怜的医生王允坚经过一番服毒、解毒的折磨，最终被砍头示众之后，明太祖想起此事，似乎还是那么兴致盎然回味无穷。这里出现的明太祖简直就是一个鉴赏家，当然，被其鉴赏的客体，不是自然风光也非艺术品，而是人面对死亡时所表现出的恐怖与痛苦。

中国古代精神医学不发达，对心理疾病缺乏基本的洞察，所以，很多时候某个人行为乖张，却常常只被视为修养欠佳，极少有人想到这也是一种病变。以现代观念看上面这桩奇特的案件，看暮年朱元璋的惊人之举，实际上很容易得出一个答案：暮年朱元璋在心理上肯定出现了一些问题。

不要以为我是在说怪话。另一种文化背景的人，在解读朱元璋时早就有了相似的结论。

洪武三十年（1397），朱元璋七十岁，也就是他去世前一年，明王朝发生了一场地域差别所导致的科场冤案。由于南方和北方文化水平不一，在科举考试中南人往往比北人具有优势，录取者更多，这一年也不例外。参加科考的北人不满，攻击主考官偏袒南人，朱元璋命人彻查，结果证明并无徇私舞弊行为，这时又有人造谣，说奉命复查的人故意把北人中不好的卷子给皇帝看，朱元璋大怒，立即将复查的多个官员赐死，原主考官也被发配，同时他亲自考试，重新选拔了六十一人，均为北方人士。“时谓之‘南北榜’，又曰‘春夏榜’。”西方学者所撰的《剑桥中国明代史》在叙述这一科场冤案时直截了当地评价说：“这种种事件表明了一个人长期患偏执狂后会是什么心理状态。”

在现代医学中，“偏执狂”就是一种精神疾患。西方学者认为，朱元璋长期患有这种疾患，自然是有根据的，不过，细读史料，可以认为，朱元璋的精神疾患和心理病变发作最为严重的时期，无疑还是在他的晚年。

无法摆脱的幻灭感

剖析朱元璋晚年心理，其中一个很突出的印象就是，随着年华的逝去，这个不可一世的君王，居然产生了越来越浓重的幻灭感。

这种幻灭感，一个很显要的表现，就是他仿佛突然意识到了“帝力之微”，感受到了自己的无力和虚弱，屡屡发出人生的悲鸣。这在向来信心满满，自起兵以来一直顺风顺水，登基后又以天纵之圣自居的朱元璋身上，是非常不寻常的。比如他铁腕反贪，重典治国，一度相信，只要帝国的政治机器按照他制定的轨道运行，就能“复先王之治”，自己就能做一个超越前代的成功帝王。但随着时间的推移，他显然不那么乐观，而且不止一次地感叹：“我欲除贪赃官吏，奈何朝杀而暮犯”，“我这般年纪大了，说得口干了，气不相接，也说他不醒”，甚至“自谦”自己“才疏德薄，控驭之道竭矣”。

对朱元璋原本强悍的心理给以近乎致命一击的，是太子朱标的早逝。朱标是马皇后所生，按传统观念，是所谓“嫡长子”，朱元璋对他寄予厚望，延请名师，悉心调教，但太子生性比较仁弱，和父亲在治国理念上存在一定差异。据野史记载，太子为了求父亲不杀自己的老师宋濂，曾经投水自尽，又劝谏喜欢滥杀的父亲，说“诛夷过滥，恐伤和气”，朱元璋便把一根荆条放在地上，叫太子拾起，太子见荆条上布满了刺，面有难色，朱元璋趁机训导他：恶人就和这些刺一样，我现在杀人就是除刺，我替你除了刺，未来你这个皇帝才好当啊。可是太子却并不买账，顶嘴说：“上有尧舜之君，下有尧舜之民”，意思是有什么样的皇帝就有什么样的臣民，正是因为摊上不好的皇帝，才有不好的臣民。惹得朱元璋大怒，抓起一把椅子就砸过去，太子赶紧逃走。尽管如此，朱元璋对这个没有什么邪行的儿子基本还是满意的，特别是从情感上，较之更像他性格的其他儿子，如后来成为明成祖的燕王朱棣，他对知书识礼、宅心仁厚的太子更有一种亲近感。所以当洪武二十五年（1392）五月，太子病逝时，他就陷入了极度的悲痛之中，召见群臣时，一边大哭，一边悲叹：“朕老矣，太子不幸，遂至于此，命也！”在臣下面前大哭，无遮掩地表现自己的软弱，这于朱元璋是非常少见的。

太子的早逝，加上前几年马皇后的死，对朱元璋都是沉重的打击。在艰难困苦中蛰伏，于群雄中脱颖而出后，朱元璋就几乎未碰到什么强有力的阻碍，即使有，也是很快被他消灭。久而久之，很容易生成一种幻觉，即“人莫予毒”，认为这个世界上没有什么可对自己造成真正的威胁，也没有什么自己办不成的事。但随着身体一天天衰老，目睹最亲爱的人从自己眼皮底下消失，自己却毫无办法，他才突然想到，原来，一个拥有再大俗世权力的人，也不能对抗疾病、衰老和死亡，在这个世界上，其实还有很多东西是自己所无法掌控的。

太子死后，衰病之中的朱元璋做过一件意味深长的事。即于太子死的那一年十月，下诏征求能掐会算的阴阳家，“试无不验者，爵封侯”。一个向来迷信权力的人，突然变得如此迷信命运，这表明，支撑其强悍的内在根基已经动摇。而一个处于迷茫之中，突然失去方向感的人，是最容易被焦虑感所困扰而喜怒无常、暴戾乖张的。

使朱元璋产生幻灭感的还有一个非常重要的原因，这就是他越来越认定，自己的治国理想在有生之年已经不可能实现。熟悉朱元璋的人应该知道，这是一个带有强烈理想主义色彩的君主。他虽然文化素养并不高，但依靠他对传统儒家文化一知半解的认识，在其心中，是有一整套理想的国家和社会图式的。简而言之，就是在强大国家机器的威慑和深厚儒家伦理的教化之下，创造一个完全的自然经济，一个男耕女织、没有游手、民风朴厚、官员守法、富人谦抑的小农社会。这样一个社会是他心目中的盛世，从其登基之日起，他就一直在为此孜孜不倦地努力。然而社会发展本身的规律却不是蛮横的人力能够生硬阻止的，经过宋元两代商品经济的发展，朱元璋却偏要开倒车，把人类天生聚敛财富、向往奢华、追求物质享受的欲望遏制，虽然其严刑峻法一度能够发挥作用，但也注定难以持久。就像他为反贪煞费苦心，贪官仍然层出不穷一样，民间社会在其政治高压之下，仍然不断出现所谓“僭越”“奢靡”等怪象。而他对人性和社会规律又缺乏基本的宽容与理解，这样就越发加深了他内心深处的困惑与迷茫。

哲学家冯友兰先生曾经说过：“人们大多知道自己在社会中的地位，却不知道自己在宇宙中的地位。”其实大多数人还不仅仅是不知道自己在宇宙中的地位，而是根本就不关心这个问题，因为他们要为一日三餐而奔波发愁。关心这个问题的，只能是超越了果腹暖身层面的人士。作为从布衣中崛起的一代帝王，朱元璋无疑是世俗人眼中的成功者，但他究竟是不是一个成功的帝王，晚年的他是并不自信的。也许垂暮之中的朱元璋曾经一次次自问：我究竟会以一种怎样的面目进入历史？而最终的答案会是什么，他显然存在很大的疑虑。

一个被幻灭感折磨却又掌握巨大权力的老人是可怕的，加之他天性中本来就有嗜杀的成分，晚年朱元璋行事不可以常情常理揣度，就是一种必然了。

患得患失而生的忧虑

折磨晚年朱元璋的，不仅仅有幻灭感，还有一种因患得患失而生的浓重忧虑。

费尽千辛万苦，好不容易得到的江山，对他来说太沉重了。如果他只把这个江山看作他一个人的江山，那倒好办，随着死神的逼近，问题会自然解决，但他显然把江山视为他老朱家的私产，渴望世世代代永传下去。这样烦恼就来了，因为他虽然不相信在其有生之年，有人能撼动这座大厦的根基，可一旦自己撒手西归呢？因太子朱标早逝，朱元璋选择的是太子的儿子朱允炆作继承人，“皇太孙”年幼柔弱，更加重了朱元璋怕江山在其身后一朝易手的心理负担。

于是，他强烈地感到，为了确保朱家天下的稳固，必须和时间与死神赛跑，抓紧做好防备江山易主的工作，就如他对太子朱标打的比方，要把荆条上的刺全部清除，把一根干干净净的荆条交到后代手中。然而喜欢读史书的朱元璋分明又知道，要确保这项工作万无一失，是几乎不可能的，历代帝王，百密一疏，常常会因看上去非常微小的一个纰漏，就带来致命的后果。这样就出现了一个非常有趣的现象：一方面，朱元璋起早贪黑，废寝忘食，还不惜大开杀戒，为确保江山无虞争分夺秒地工作，而与此同时，以朱元璋的智商，他自己又清楚知道，他不可能预见到所有的纰漏，因此也不可能在自己去世之前就替后代将这些漏洞全部堵上。这就使朱元璋愈发焦躁了。

在幻灭感和忧虑感双重夹击下的朱元璋，暴虐和攻击性在晚年达到了极致。没有人替他分忧，也没有人使他放心，他喜欢恭维，却又害怕奉承背后隐藏着阴谋，他痛恨强谏，认为是对自己轻蔑，但有时又想从臣下的倔强中寻找一点支持的力量。他对臣僚们才信又猜，已赦复罪，让人摸不着头脑，而就是其妃嫔——那些王子的母亲——也常常会无端成为他发泄异常心理的对象。据清初学者查继佐所著《罪惟录》记载：御河中发现一堕胎婴儿，朱元璋没有任何凭据，怀疑是楚王朱桢之母胡充妃所为，乃亲手杀死，弃尸郊外，楚王来朝，哭求母尸不得，只得到一条练带，归葬于王府；鲁王母郭宁妃、唐王母李贤妃和伊王母葛丽妃，竟在朱元璋的一次暴怒中同时被杀，三具尸体装在一个大筐中，埋于太平门外，待元璋怒气平息，想给予棺木进行埋葬时，三具尸体已腐烂不能辨，只好立三个坟丘算作三妃墓。

纵观朱元璋一生，他的天性雄猜好杀是没有什么疑问的，但这种性格的发作，在不同的时段显然又有不同的表现，即早年有所抑制，而越到后期，发作得越厉害。这实际上可以用西方著名心理学家弗洛伊德的精神分析学说解释。

弗洛伊德认为，人的本性是由本我、自我与超我三种精神活动交互作用的结果。本我，是人的本能的冲动，包括性本能和攻击本能。因为客观环境的制约，人的这种本能，即“本我”常常要受到“自我”的控制和压抑，所以，很多时候“本我”是潜藏的，难为人窥知的。“超我”则是在“自我”上面的最高层次。朱元璋虽然天性嗜杀，但过去为了在群雄逐鹿中争取人心夺得天下，其“超我”发展得较好，能够适当注意节制自己的本能，于是我们看到了一个礼贤下士、约束军纪、声称“唯不嗜杀人”的朱元璋，但随着其帝王基业的肇建，他的“本我”开始显现出来，而到了洪武中后期，朱元璋的“超我”和“自我”退化得更加严重，几乎丧失了压抑冲动和欲望的自制力。这个时候的朱元璋，基本上就是一个“本我”的朱元璋了，这才是一个真实的朱元璋。

“本我”肆虐的晚年朱元璋喜欢杀人，在杀人的过程中，固然可以缓解其焦虑，得到某种病态的心理满足，像亲自观看服毒者挣扎一样，但这显然不表示其内心的强大，毋宁说更是内心虚弱的外化。

史书上描写朱元璋晚年生活状态时有这样两句话，“中夜寝不安枕”，“四夷有小警，则终夕不寝”，这样一个时时处于高度紧张，一有风吹草动就无法入眠者，怎么会是一个内心强大的人呢？老实说，我读到这样的文字，对朱元璋的憎恶减轻了许多，油然生起的，倒是一种深深的同情。

第四章

一代雄主的盖棺论定

第一节　朱元璋是“地主阶级总代表”吗？

一个贫苦的农民，由于对元朝腐朽政权的不满而投入农民起义，渐渐在义军里脱颖而出，最后夺得政权建立新王朝，随之蜕化变质为“地主阶级总代表”……

在传统的历史教科书中，这就是朱元璋的一生。但是这样习以为常的概括是否准确？

“标签”不可乱贴

朱元璋是“贫民”的苦出身，乱世里从一支造反的部队中脱颖而出，最后登上皇帝宝座，其前后人生角色的转换过于强烈，这一点对特定时期的某些论史者来说，堪称利弊参半。

好处在于，朱元璋早年的揭竿而起、经略四方，可以用来论证一个革命阶级的强大能量和超迈的精神；坏处在于，伴随这个人成功的，居然是一条几乎完全循环的旧路，禁不住使刚刚大赞其革命性、先进性的论者，感觉有些尴尬。

为了从这种尴尬中摆脱出来，于是，有了“蜕变论”。按照这种理论，早年造反的朱元璋是农民起义的领袖，是地主阶级利益坚决的挑战者和农民兄弟利益的坚定维护者，但当他一朝功成，坐上帝位以后，就“蜕变”了，发生了“质”的变化，转而成了代表地主阶级利益的领袖人物，成了地主阶级的总代表。

毫不夸张地说，几十年来，关于朱元璋，我们就笼罩在“蜕变论”的巨大阴影里。试翻几十年中关于朱元璋的林林总总的论文，十篇中间大概有九篇会用到“蜕变”这个词语，会运用“蜕变论”解释朱元璋人生角色的转换。专著更不例外。史学界公认，1949 年后，历史学家所撰的朱元璋的传记较好的有两种，一是吴晗先生多次改写、于二十世纪六十年代定稿的《朱元璋传》，一是中央民族大学教授陈梧桐先生撰写、初版于 1993 年的《洪武皇帝大传》。两本大著都非常重视朱元璋统一天下前夕，发出的讨伐另一位“农民起义领袖”张士诚的那篇檄文。在这篇檄文中，朱元璋所列举的张士诚的八项罪名，除两项是说二者发生武装冲突外，其他六款都是张氏背叛元朝的罪状，如“占据江浙钱粮，十年不贡，其罪六也”，“兵不满万数，地不足千里，僭称改元，其罪三也”。诚如吴晗所论，“不看头尾，使人容易误会成是元朝政府的讨伐令。”檄文中还说：“凡尔百姓，果能安业不动，即我良民，旧有田产房舍，仍前为主，依额纳粮，余无科取，使汝等永保乡里，以全室家”。吴晗先生认为这一段文字极其重要，因为“这一段文字明确声明他的立场的改变，从反对封建地主凸变为维护封建地主的既得利益，他的根本立场改变了。……进一步宣称进军的任务是为了伐罪吊民，是为了使民庶各安于田里，使百姓永保乡里，公开地取消了阶级斗争的内容，公开地声明他对于农民起义的背叛，明确维护旧的封建地主阶级秩序，保证给官僚、庶民以和平安定的生活，这是朱元璋一生中划时代的转变，从农民起义的领袖向地主阶级的领袖的转变”。而陈梧桐先生也认为，“这篇檄文是朱元璋公开背叛农民起义的政治纲领，它的发表标志着朱元璋已经发生根本的质变，由农民起义领袖彻底蜕变为地主阶级的领袖人物了”。至于朱元璋为什么会有这种蜕变，学者们则归咎于投奔朱元璋的儒生，一本论著就说：“陶安、李习、刘基、宋濂等这一地主儒生集团几年来所起的作用，到这时候明朗化了，具体化了，公开化了。”

面对朱元璋的人生剧变，“蜕变论”似乎颇能自圆其说，可是细细思考，却也有很多让人困惑的地方。所谓“蜕变”，它是指一种根本的、质的变化，如果按照质变定理，任何事物发生质变之前，都会有比较长期的量的变化，那么在朱元璋“从农民起义领袖蜕变为地主阶级领袖”的过程中，他就肯定不是一下子发生质变，应该是一点一点“变坏”，一点一点累积，最终蜕变的。可是，在朱元璋的史料中，能不能找到这种明确的量变的痕迹？哪位史学家能够告诉我们，朱元璋在哪一年变得有一点坏，然后又在哪一年变得更坏，最后终于坏得不可收拾，彻底背叛了他原属的阶级？把朱元璋的“质变”归咎于儒生集团，也是非常荒谬的。这些儒生无一不是劝朱元璋在乱世中“止杀”、“安民”、恢复占领区的生产和秩序的，这有什么不好呢？难道非要乱杀、大破坏才符合农民的利益，才不叫“质变”？

我不是专业研究历史的人，但我知道，过去那种习以为常的“先贴阶级标签，然后根据这个标签去找史料”的方法已经越来越受到质疑，无他，这种方法常常在一些很常识的问题上都说不通。

讨论历史人物，还是应该首先回到史料本身，公平地对待一切史料。史料需要考辨真伪，但不能怀揣一种既定的理论，对史料根据个人好恶去挑挑拣拣，合自己口味的则取，不合口味的则视而不见，或一律施以“歪曲”“诬蔑”的恶谥就万事大吉。

研究历史的目的是最大限度地还原历史真相。对朱元璋自也不能例外。

子虚乌有的“蜕变”

既是“蜕变”，从此事物变成了彼事物，那么就应该先把这个人在质变之前的身份厘清。

朱元璋参加郭子兴的红巾军造反，逐渐脱颖而出，自领一军后，就成了农民起义的领袖。一般我们都是这么说的。这般定义当然会遇到一些麻烦。朱元璋究竟算“农民”还是“流民”，跟着他驱驰的究竟有多少农民，这些暂且放过不提。“义”者，不论怎么解释，都应该是一种崇高的东西，代表着正义；“起义”者，就是以一种崇高、正义的东西为号召。然而，朱元璋自己也多次承认，他造反的目的既单一又明确，就是乱世中“仅图自全”。早年，即使是在口头上，他也很少以“义”作号召，“吊民伐罪”“救民水火”云云，都是刘基等地主知识分子加入以后，对朱元璋的诱导，而朱元璋之所以欣然接受这种诱导，原因也非常简单，这让他看到了比“仅图自全”

更诱人的前景。

不过我虽然对朱元璋是“农民起义领袖”这个判断有些疑惑，但鉴于任何概念都是不完满的，所以，为了叙述的方便，此处姑且从旧，先把这顶冠冕送给他。可是接下来有一个更重要的问题却不得不辨，这就是，我们通常称为“农民起义领袖”的造反者，是不是天然就代表农民兄弟的利益，一定是农民利益坚定的维护人和捍卫者？

先看动机，朱元璋自己也说，参加造反是为了在乱世中图自保，所以，如果我们认为，他是为了不满农民利益被严重盘剥，才决心起而维护和捍卫之，恐怕起朱元璋于地下，也会感到匪夷所思吧？再看其行动和效果。在造反、自保，和各路群雄逐鹿的行动中，他是否真的对农民利益给予了比别人更多的关照？即使朱元璋确有此种仁人之心，事实上恐怕也很难做到。无他，这是兵荒马乱的末世，这是你死我活的战争，朱元璋的部队一样要吃饭，要征集粮草，要扩充部队，要攻城夺寨，要以杀立威，除非你愿意在此消彼长的争雄中自缚手脚，愿意眼睁睁地看着别人一骑绝尘，否则像刘备那样不忍舍弃难民的好戏是万万不能多唱的。所以，一个基本的常识是，于乱世中崛起，我们通常称为“农民起义领袖”的造反者，他们不仅很难顾到农民利益，而且几乎铁定是农民利益的损害者，至于区别，只能说有的损害得凶一些，有的损害得稍轻一些罢了。读者也许会问这般立论可有史料依据？太多了！关键在于，面对这些海量的史料，我们用一副什么样的眼镜去看。用有色眼镜一照，看出“诬蔑”“歪曲”的险恶用心，把这些史料挥到一边，那是最简单的办法，然而史料就是史料，它不会因为使用者的态度就自动消失。在你表示轻蔑的时候，它很可能躲在角落里冷笑。

具体到朱元璋，综合各家之记载，可以认为，和别的豪杰相比，他的部队军纪稍好一些，但千万要注意，对这一判断不能肆意夸大，否则跨过真理半步就是谬误。为了扩大自己的利益，朱元璋必然会损害包括农民在内的无数平民的利益，战乱之中，这两种利益绝大多数时候是不可调和的。《明太祖实录》中有一条歌颂朱元璋初起时关心民瘼的资料，说有一天他走出军营，看见一个小孩可怜，上前询问，原来其父母都被他的部队征用了，孩子没地方去，于是朱元璋发布命令，让被掳掠到军中的夫妇团聚，民皆感戴云云。这是典型的“反面文章正面做”，可惜修史者技术尚欠纯熟，在今人眼里，这何尝不能读出与修史者预期相反的意思？

“农民起义领袖”朱元璋既然本来就不是农民利益的维护人和捍卫者，那么他一旦登上皇帝宝座，即使真如论者所说，“明确维护旧的封建地主阶级秩序，保证给官僚、庶民以和平安定的生活”，也不能用上“蜕变”一说。

朱元璋只有这一个，不论是开始做“农民起义领袖”，还是后来当皇帝，都自有其一贯的内在逻辑，所谓“蜕变”，实不知从何说起。

谁的代表？

上面已经分析清楚，“农民起义领袖”时期的朱元璋并不是农民利益的代言人，而坐上皇帝宝座的朱元璋，是否就成了处处与农民利益对着干的“地主阶级总代表”？也值得探究。

我在本书的《序言》中已经对此提出了质疑：我们只要稍想一下，无论是胡惟庸案还是蓝玉案，被朱元璋杀掉的都高达两三万人，而如此庞大的人群中，绝大多数又属于缙绅阶层，与平民无干，试问世界上有这样当“总代表”的吗？其实这样的例子还有很多，比如朱元璋的“抑豪强”历来为史家所艳称，而所谓“豪强”就是地方上的大地主阶级，这样的强力抑制，怎么会是自己的“总代表”之所为？

除此以外，如果我们硬要说，当了皇帝的朱元璋，因为要做“地主阶级总代表”，又因为地主阶级和农民的利益天然不可调和，所以，明太祖在施政上必然损农民利益而去肥地主阶级，在史料上恐怕也会遇到极大困难。因为史料清清楚楚地表明，建立明朝后的朱元璋鉴于战乱后海内残破的现实，为稳定秩序和恢复生产，劝农桑，修水利，抑豪强，赈贫乏……这些重农的措施都是实实在在，并颇具效果的。过去人们喜欢说造反时期的朱元璋代表着农民的利益，事实却是，由于要积蓄力量夺取政权，战乱中的朱元璋代表农民利益云云，即使有，也注定只能是口惠而实不至，相反倒是当上皇帝后的朱元璋更有意愿和能力来维护农民的利益，也不乏一些具体的行动。

那么，我们能否因为现在明太祖的一些重农措施，就一下子倒过来，把当上皇帝的朱元璋称为农民利益的捍卫者呢？肯定不能这样荒唐。哪有农民利益捍卫者还豢养那么庞大的特权集团，动辄赏赐一个勋贵几百亩良田的？

分析至此，问题荒谬之本质已经呼之欲出：就因为我们总是习惯于乱贴标签，先就把当上皇帝后的朱元璋判定为“地主阶级总代表”，认定他必然盘剥农民，大力维护地主阶级利益，所以，在面对看似矛盾的史实时，便不免进退失据，尴尬起来。

为了弥缝理论的破绽，我们的史学家又制造了一个“让步论”，企图自圆其说。所谓“让步论”，意思是说，在农民战争后初即帝位的人，虽然已蜕变为“地主阶级总代表”，但因为历史的教训，不敢过分盘剥农民，所以不得不在初期采取一些安抚农民的措施，但这种表面上对农民的仁慈掩盖不了其压榨农民的实质。不知别人对这种理论观感如何？我的第一感觉是咱们的史学家真是太辛苦了！为了让天生破绽百出的理论看上去完满一些，只好勉力去东缝西补，左支右绌！然而尽管劳神费力，破绽还是一望即知。“让步”的精义应该是以初期的让一步换来随后的进两步，可是朱元璋显然并非如此，这个小农思想极重的帝王，他的一些重农政策是贯穿其始终的，对缙绅阶层的高压也是至死方休，晚年时期的户部侍郎郭桓贪污一案，追赃牵连到全国各地许多大地主，中产以上地主破家的不计其数，被杀者更高达几万人，其中颇多冤滥，舆论沸腾，面对此境，他自己只好将主审法官抛出来作为替罪羊杀掉。如果套用“让步”理论，那明太祖几乎可以说终生在“让步”，而一个终生“让步”的帝王，又怎么去做“地主阶级总代表”？

在对朱元璋身份的认定上，我现在可以说出自己的观点了。一言以蔽之，朱元璋从来不是农民的总代表，同时也不是地主阶级总代表。要说代表，他只代表皇权，代表朱家王朝和朱氏家族，他殚精竭虑所要维护和捍卫的，只能是朱家王朝和朱氏家族的利益。

认清了这一点，许多看似矛盾的现象都可以得到合理而圆满的解释。

朱元璋所代表的皇权和朱氏家族的利益，和包括农民在内的平民的利益，地主阶级的利益，这三者之间肯定不会是完全同一的，但前者和后两者之间也并非就没有丝毫的交集。专制王朝里的平民，固然希望政治清明，秩序井然，贪官污吏少一些，自己日子好过一点，而一个君主，只要智商和情商不在正常线以下，不是特别昏庸，平民的这些诉求难道不同样也是他的目标？平民日子不好过，民穷财尽，他所要的赋税就会存在征缴上的困难，就会影响他王朝的长治久安，这是一个非常简单的道理。至于朱元璋所代表的皇权和朱氏家族的利益，与地主阶级利益的交集，更是一望即知，地主阶级在下希望租种其土地的都是良民，安分守己，在上希望政局稳定，以维护自己在王朝利益分配中的特权地位，这些也是朱元璋想要的。

在看待三者利益关系的问题上，我们过去有一个绝对化的倾向，即一方面总是认为朱元璋所代表的皇权和朱氏家族的利益，以及地主阶级利益是一致的，完全可以合二为一；另一方面，又总是认为朱元璋所代表的皇权和朱氏家族的利益，和包括农民在内的广大平民的利益是完全排斥的。然而事实却并非如此，按这种理论去僵硬界定和划分，必然碰到许多让人困惑的史料。

如果我们知道，朱元璋只代表皇权，代表朱家王朝和朱氏家族，那么事情就一点儿也不复杂了。因为朱元璋的利益和平民、地主阶级的利益都存在一定程度的交集，所以，他也会有一些重农、发展生产的政策，会对地主阶级赋予一定的特权。然而，这三者的利益也有互不相容的时候，比如，平民如果对朱明王朝不满，抗粮抗税，不守“法度”，甚至想揭竿而起，那朱元璋除了铁腕镇压还会动别的脑筋吗？至于地主阶级，安享朱明王朝赋予的特权是没有问题的，但如果你硬要越界，比如在朝拉帮结派，结党营私，对下完全不恤民情，横暴不法敲骨吸髓，弄得天怒人怨，朱元璋也一定会痛加收拾的，因为这已经严重影响到了他的王朝的根基。

造反时期的朱元璋不是农民的代表，造反成功的朱元璋也不是地主阶级的代表，他究竟代表谁，其实是个清楚不过的问题。一些与实际大有出入的帽子，该给他摘下来了。

第二节　帝国深宫中的“小农”

鲁迅讲过一个故事，说农妇幻想皇帝的生活，以为肯定是这样的：中午睡了一觉起来，有些饿了，于是叫一声，太监，拿一个饼来！

农妇的可笑处就在于，她再怎么幻想，也注定摆脱不了她固定的生活圈。

一个长年住在穷乡僻壤的农妇只有这样让人可怜的想象力，不足为怪，可是作为一代开国之君的朱元璋，他的想象力似乎也十分有限，就难免让人诧异了。天子富有四海，在物质享受上，称帝后的朱元璋，其场面肯定是无与伦比的，身旁的儒生也早已给他制定了一整套象征帝王权威的礼仪，他的举手投足，乡土味都越来越淡，但其视野还是不出他少年时代的那个乡村，其治国的理念仍然牢牢建立在小生产者理想的基础之上。他终究不过是一个住在帝国深宫中的“小农”。

佳话中的角色错位

史籍上记载着朱元璋的一些佳话，而这些佳话，即使到了现代史学家那里，也是常常要被传颂的。先不妨看一下：

佳话一：朱元璋军攻克元朝都城大都后，负责气象天文方面的官员进献了一个名为“水晶刻漏”的战利品。刻漏是古人用来计时的，元朝人的这个刻漏设计很精巧，里面设置了两个木偶人，能按时自击钲鼓。朱元璋认为这个东西完全无益，当场打碎了它。

佳话二：洪武十五年（1382）七月，广平府（相当于今之河北邯郸市）的一个官员王允道给皇帝上书，说磁州（今河北磁县）临水镇盛产铁，过去元朝时，曾在这里专门设置了“铁冶都提举司”这样一个机构，专门负责冶铁，工人达到一万五千多户，每年能收铁一百多万斤。他建议，咱们现在能不能也仿照元朝办法，在这里置炉冶铁呢？朱元璋认为这个方案惊扰百姓，对上书的王允道施以廷杖，流放到海外。

为什么会成为众口流传的佳话？很简单，在这里，朱元璋表现了他弃绝奢华、不愿扰民的美德。在他眼里，一个计时的东西嘛，有必要花费那么多心思，浪费那么多人力物力，弄得那么精巧吗？仅仅为了军事需要，就要组织那么多人进行冶炼，以此加大铁金属的产量，他也认为很不值得。粗粗看去，这的确是一个朴实、爱民的皇帝。

然而我却不能不提醒，观者应该注意佳话中的角色错位。以我的理解，如果朱元璋是一个平民，对周围人群不具备示范和强制效应，他的这些想法和做法当然是很好的，的确堪称个人修身的美德。即使他是皇帝，但要是只针对他个人，没有上升到治理国家的层面，也很不错。可事实并非如此。朱元璋现在是一国之君主，他的这些想法显然不是准备烂在他自己肚子里，而是已上升到国家意志，成为一种人人必须遵照执行的国策，那就很值得商榷了。

中国的科技一直世界领先，后来却被西方远远甩在了后面，一个转折点就是在明朝。而我们从朱元璋对那个备极工巧的水晶刻漏的厌恶，颇能窥出一些端倪。在一个望天收的农民眼里，科技上的一些发明，既不能作饭吃，又不能当衣穿，有什么用呢？而在统治者看来，所谓“奇技淫巧”，除了实际效用太低以外，还可能诱导人心变坏，由朴实而变为复杂，不利于其愚民的大计，就更要极力抵制了。

而第二个佳话，则完全暴露了重农主义者朱元璋对工业的无知。他轻视矿冶，认为炼铁仅仅在制作兵器上有用，殊不知炼铁技术的发展，也将大大有利于生产工具的改进，对提高包括农业在内的生产力，都会有莫大好处。至于扰民与否，根子并不在工矿事业本身，而是看官方怎样组织，怎样实施，如果组织和实施得当，则这样大规模的工业活动，会给升斗小民提供多少就业机会啊。

人们往往称赞朱元璋对“扰民”的敏感，然而，仅仅有一个比较好的愿望，却忽视社会和经济的基本规律，则这种愿望只能成为空想，不能从实质上解决扰民的问题。朱元璋因担心扰民，罢斥了那个提议开矿的王允道，但是就一个国家而言，却终究不能不要铁金属产品，因此，在此之后，明王朝还是不得不渐渐恢复矿冶，不过，因为皇帝的不够热情，史载“岁输铁额，则较前稍减”，也就是说，生产的规模、产品的数量和工艺等方面，与过去相比之下，不但没有提升，反倒下降了。这当然于国家无益，而对百姓来说，又有什么好处呢？

错批古代理财名臣

洪武十九年（1380）三月，朱元璋面对负责财政的户部官员，感叹道："言利之臣，皆戕民之贼也。"并进行了这样一番教诲：真正善于理财者，都是以富民来增加国家财富，而不是使人民穷困来富官。前代那些为朝廷理财的人，都不知道这个道理，只知剥削百姓，与民争利，如桑弘羊的重视商贩，杨炎的推行两税法，当时自以为深通理财之术，殊不知得财有限而伤民无穷。现在我朝赋税已有定制，量入为出，自然不会出现财政困难。要让老百姓安居乐业，只有一个办法，就是"使农不废耕，女不废织，厚本抑末"，使游手好闲的人都在种田上用力，则从事劳动生产的人多，消耗的人少，国家自然就富强安定了。

朱元璋嘴里的"戕民之贼"就是他上面所提到的桑弘羊和杨炎。

桑弘羊和杨炎均为古代理财名臣。

桑弘羊在汉武帝时期掌管财政大权，汉武帝穷兵黩武，在位五十四年，进行了五十年大大小小的战争，每次出兵动辄数万到数十万，钱、财、器械、粮食、马匹消耗巨大，再加上修筑工事、开辟道路、给养降卒、犒赏将士，费用更是无法计算，致使"海内虚耗，人口减半"，为挽救财政危机，朝廷实行卖爵令、货币减重、增加租税等，尽量搜刮民财，仍无法缓解。桑弘羊积极推行盐铁官营，酒类专卖，均输、平准、统一铸钱等政策，迅速把生产和流通中的巨大经济权益，集中到中央政府手里，不仅满足了武帝对外用兵、对内大兴工程的浩大开支需要，而且还为汉武帝亲率十八万骑出外巡狩之赏用，提供了帛百万余匹和钱数万万，政府仓库还存帛五百万匹。桑弘羊在不增加百姓赋税负担的情况下，使特定时期西汉财政的浩大开支需求得以满足。司马迁不喜欢桑弘羊，但他在《史记》中也不禁赞赏，桑弘羊的经济政策使“民不益赋，而天下用饶”。

杨炎则是中唐时期的著名理财家。他所推行的两税法改革是中国赋税史上的重大事件，其要点是把过去分别征收的多种名目的赋税统一，简化为按户分等和以资产多少为依据，只收户税和地税，每年于夏、秋两次征收。两税法不但简便易行，更重要的，它按贫富资产来规定征收的标准，与过去按人口和劳动力多少为征收标准相比，是赋税思想的一大进步。杨炎的改革，顺应了唐中叶以后，商品货币经济发展和人身依附关系减弱的现实，后代虽然不乏批评的声音，但两税制却一直存而不废，就是明朝张居正推行的广为人知的“一条鞭法”，也有两税制的影子。

桑弘羊、杨炎的财政改革，无不是在政府面临严重的经济危机时做出的不得已的选择。现在朱元璋不把他们放到特定的历史阶段中去考察，一律称其为“戕民之贼”，不公正是一目了然的。但我更感兴趣的，是朱元璋究竟是站在一种什么角度，秉持一种怎样的心理，称桑弘羊和杨炎是“病民”“害民”，是与民争利?

稍加思索即不难发现，朱元璋的批评中包含着他对商人乃至商业活动深深的误解。

且以桑弘羊为例，他有一个运用商人的独特思维改革赋税制度的杰作，就是推行“均输”。当时各郡国要向中央贡纳实物，有些离京城较远，不远万里送到京城，沿途耗费了大量的人力、物力、财力，运抵京师后，按市场价格计算，有的还不足抵车船费用。桑弘羊对此进行了改革，即为均输法。办法是设立均输官，各郡国应上缴的物品，按照当地市价，折合为当地出产的既多又廉价的土产品，缴给均输官，再由均输官运往其他欢迎这些土特产品的地方出售，这样既可免除各郡国输送贡品入京的烦难，同时，中央政府通过辗转贸易，又获得了巨大利润。

同样一个东西，到了不同的地区，就会卖出不同的价钱，对这样一种现象，不仅是终年累日在深山里待着的老农，一些读书人也常常不能理解。对从事商品流通获得贩运之利的商人，指责其“不劳而获”、靠欺诈获利的声音在中国古代一直不绝于耳，如果批评者只是坐而论道，说说也就罢了，但如果他是一个掌握国家大权的皇帝，则会有怎样的灾难性后果？

朱元璋虽然也知道，老百姓的生活离不开商人，但他对商人的恶感根深蒂固。他的“厚本抑末”政策虽然带有传统农业社会不可避免的阴影，但其个人色彩仍然是极其浓厚的，表现在他对商贾阶层和富人的压制与前代相比，是空前地增强了。

“仇富”给农民带来了什么？

从上述朱元璋对户部官员的训诫中，我们似乎发现，他除了反对与民争利，还是主张“藏富于民”的。所以，有些学者在论述朱元璋的经济思想时，也很乐于褒美这一点。

可惜，这是一个美丽的误解。问题出在我们和朱元璋对“富”的理解上有很大的偏差。在朱元璋看来，百姓们只要能够吃饱穿暖，就是富裕了，农闲时节，一家人于酒足饭饱后，能够围着一个火炉唠唠嗑，就是太平盛世了。他所谓的“富”是指满足人们物质生活最低层次的需求，这仍然契合一个深山老农的期望，而一旦越过这个层次，则富人就成了他王朝稳定的一种威胁，是他的打击对象了。

朱元璋对富人的压制，主要有两个办法，一是强制性移民，二是罗织罪名。

早在朱元璋攻下张士诚所占据的苏州不久，新朝就下令强迫大批苏州富民迁徙至朱元璋的老家临濠（今安徽凤阳）。为防止这些富户逃回原籍或移徙他处，明政府还颁布禁止逃亡的法令，规定“富民私归者有重罪”。甚至被禁止回乡扫祭祖墓，违者受到严惩。后来这种强制性的大规模移民活动还有：洪武三年（1370）六月，“徙苏州、松江、嘉兴、湖州、杭州民无业者田临濠”；洪武二十二年（1389）四月，“徙江南民田淮南”；洪武二十四年（1391），又命令工部把各地富民五千三百户迁到南京。

他运用法律打击大户更是不遗余力。富豪们稍不小心，就会招致横祸。有的因触犯新的法令，有的因亲友犯法而连坐，常常是一人得罪，合家遭殃，而一旦罪名成立，则其财物田产都将充公。洪武朝发生了许多大案，而这些大案中，都有许多豪强势家受到牵连。各种史籍上对此有不少惊心动魄的记载。如后来被朱元璋之子朱棣灭了十族的方孝孺，就曾经在文章中说“浙东西巨室故家，多以罪倾其宗”，另外一个文人吴宽则说，三吴地区“豪民巨族，刬削殆尽”，“一时富室或徙或死，声销影灭，荡然无存”。

为了躲避打击，富人们有的被迫将巨资奉献于皇室，有的主动将财产充作军需，有的则散财以图自保。可是主动申请破产，也不能保万无一失。著名的江南首富沈万三，捐资助修都城三分之一，又请犒军，朱元璋大怒，说“一个匹夫，居然想犒劳天子之军，这是乱民，应该杀掉！”好歹经马皇后劝解，将沈流放了事。

朱元璋为什么如此“仇富”？

首先当然有传统的渊源。虽然以今人对财富、对国家与公民关系的理解，都会认为私人财富的增长是国家的幸事，但在传统农业社会里，一个百姓的财富如果超出了基本的物质需求，甚至富可敌国了，那一定会动摇王朝统治的根基。“富可敌国，不祥”，这样一句话，当代以跨国集团为荣的人们肯定很难理解，却又是为古人所深深信奉的。正因为此，朱元璋抑制富人的方略中，很大一部分还是继承了传统的“治国智慧”。比如强迫移民，秦始皇、汉高祖均曾迁徙富民于都城和其他地区。他们都一致认为，富夺其基，人夺其势，这样连根拔掉，将其置于一个完全陌生的土壤中，就会使实力不弱、可能的异己者失去经济和社会支柱。

其次，就朱元璋个人来说，他的历史视界非常狭隘，其治国理想就是建立一个以自耕农为主体的小农社会。这样一个社会应该符合下列特征：人人有田种，男耕女织，没有闲人，民风淳朴，相携互助；在上者实行轻徭薄敛，官员守法，在下者安居乐业，按时上缴赋税。这样一种治国理想，是天然排斥商业活动的，他不仅认为放纵商贾聚敛财富会使老百姓弃本逐末，心术大坏，工商业发展而带来的不可避免的社会流动性的增加，百姓生活方式的变化，更让他仇视和恐惧，因为这种趋势显然不利于其对臣民的强力控制。

朱元璋的“仇富”究竟带来了什么？

这可以分两面来谈。对朱明王朝，当然是有好处的。其对臣民加强控制之利且不用说了，就是经济上的收益，也十分丰厚。富人财产充公，数字庞大；由于大批地主的私田被没收，明初江南官田数量因而激增，明政府的田赋收入也得以大量增加，有一组数据：苏州府在元末应纳秋粮米八十八万二千一百石，到了明初，就一跃而变为二百九十余万石，松江府也从六十六万余石骤升为一百四十余万石。

那么，从另一方面，朱元璋的“仇富”对一般百姓是不是充分利好呢？

过去，史学家们谈起朱元璋建国后的“锄豪强、抑兼并”，很少有不眉飞色舞的，因为据说这是有利于缓解阶级矛盾，减轻富豪地主对人民的剥削的。从这一结论出发，有的学者们还认为“朱元璋限制和打击的对象只限于那些违法乱禁的豪强势族，对于那些遵守法纪的地主则是采取保护和依靠的政策”。很可惜，这位学者在他的大著中仅举出了一个富人历洪武之世，“每戒家人闭门，勿预外事”，因而“独能保全无事”的例子。毫无疑问这样的论证是没有说服力的。且不说正面例证太少，相反的例证又太多，就是在这一个“独”例中，一个守法百姓居然要靠“每戒家人闭门”才能平安无事，这究竟证明朱元璋打击面有限还是相反？

朱元璋把地主的私田收归为官田，对百姓也未必就是好消息。在传统生产方式里，农民租种地主的田，固然要不可避免地遭受盘剥，可是当这些田回到官府手中的时候，农民能不能不种地了呢？不能，还是要种，只不过，他过去从地主那儿租种，现在变成了从官府那儿租种而已。那么，他是不是不再遭受剥削了呢？不是，他依然要为租田上缴赋税，而史料证明，官田的税赋比民田还要高数十倍！也就是说，农民遭受盘剥的程度不但没有减轻，相反还加重了！

这样一种现象其实一点儿也不难索解。农民过去租种地主私田，地主很多，选择余地大，而现在随着官田数量的增加，基本就只剩下官田可租，在不租就没有饭吃的情况下，你不乖乖就范还能怎么办呢？英国经济学家哈耶克在其名著《通往奴役之路》中告诉我们，一个雇主很多的市场，对受雇的一方总是有利的，如果市场上只剩下了一个雇主，你就只能接受这唯一一个雇主的开价，因为除此以外，你已经没有其他的选择余地了。

洪武十四年（1381），朱元璋下令：农民之家，许穿绸纱绢布；务贾之家，只许穿布。这是对农民的一种特殊优待。类似的政策明初还出台过不少，不能不说出身乡野的朱元璋对农民是有一种朴素的感情的，可是综上分析，在这个帝国深宫里的“小农”统治下，洪武朝并不是一个能让农民得到实惠、欢欣鼓舞的盛世。

第三节　海禁：寻找虚幻的安全感

华夏文明曾经是世界上最古老、最优秀的文明之一，然而，在人类文明的赛跑中，它却逐渐落伍了。落伍到什么程度，只要看看清政府在西方坚船利炮面前的不堪一击就知道了。

中国是从什么时候开始衰败的？

很多人在研究这个问题，很多人在为这个问题困惑。英国学者李约瑟潜心钻研中国科学史，他在著作中回答这个问题，说中国的落后是从明朝后期开始的，而此前的中国古代在包括科技等许多方面曾经遥遥领先于世界其他国家。而在李约瑟之前，于十六世纪末来华的传教士利玛窦，刚刚感叹“中国无所不有，糖比欧洲白，布比欧洲精美……”不久，便看到中国人在自然科学方面与当时的欧洲之间存在的巨大差距，他在和人通信中得意地表示，自己已经“用对中国人来说新奇的欧洲科学知识震惊了整个中国哲学界”。

然而，在我看来，与其说中国的掉队发生在明末，倒不如说是因为到了明末，中西文明才给了像利马窦这样的有心人一个比较的机会。严格地说，中国在明初就已经没有什么优势了，至少可以认定，中国在明末掉队的深层原因应该追溯到明初。

这一切都源于明太祖的海禁。

朱元璋所建立的明王朝处于十四至十七世纪。现在，有了一点全球眼光的中国人终于知道，在这一段历史里，世界面貌发生了剧烈而深刻的变化。随着西方航海家的“地理大发现”，世界市场逐渐形成，西方大踏步地跨入了近代社会，而我们却把辽阔的海洋拱手让给西方，关起门来寻找一种虚幻的安全感。所以一个叫博克塞的人，说了这样一番让我们听来哭笑不得的感谢话，“要感谢中国皇帝孤立的海禁政策所造成刻意的缺席，使得葡萄牙人能在毫无东方海权的抗衡下，以惊人的速度成为印度洋上的主宰者”。

“海禁”：中国前进的重大挫折

什么是海禁？作为一项官方政策，无非是两项：一是不许外国海商通过海洋来华进行贸易活动；二是禁止本国公民出海经商。

海禁是明太祖的一项既定政策。自明王朝建立，在整个洪武年间，每过两三年就有朱元璋重申海禁的记载：洪武三年（1370），明政府“罢太仓黄渡市舶司”，洪武七年（1374），明政府下令撤销福建泉州、浙江明州、广东广州三市舶司，这些都是自唐朝以来就存在，中国各王朝负责海外贸易的官方机构；洪武十四年（1381），朱元璋“以倭寇仍不稍敛足迹”，下令严禁濒海民私通海外诸国；洪武十七年（1384）二月，命汤和巡视浙江、福建沿海诸城，“禁民入海捕鱼，以防倭故也”；洪武二十三年（1390），朱元璋再次发布“禁外藩交通令”；洪武二十七年（1394），朱元璋又想从根本上取缔“番货”在中国的市场，禁止百姓使用外国物品，当时香木多来自海外，为防止混杂，甚至连广东、广西自产的香木也不准到外地贩卖；洪武三十年（1397），再次发布命令，禁止中国人下海通番……

为了防止沿海人民入海通商，明朝法律规定了严酷的处罚办法。朱元璋晚年主持制订的《大明律》规定：“若奸豪势要及军民人等，擅造三桅以上违式大船，将带违禁货物下海，前往番国买卖，潜通海贼，同谋结聚，及为向导劫掠良民者，正犯比照已行律处斩，仍枭首示众，全家发边卫充军。其打造前项海船，卖与夷人图利者，比照将应禁军器下海者，因而走泄军情律，为首者处斩，为从者发边充军。”这就是说，不但不许出海，而且连人民造船都有苛酷的规定，造得稍大一些，就是违法！

朱元璋并不是不知道沿海一带居民以海洋为生计的事实，为彻底消除海禁的隐患，他还强制实行移民政策，于洪武二十年（1387）逼迫福建舟山岛城区和镇外两里以外的居民和其他四十六山（岛）的居民徙迁内陆。在执行这一政策过程中，其罔顾百姓财产、性命的野蛮性随处可见，比如硬性规定迁移以三日为期，岛上居民一时难以在规定时限内筹集到那么多船只，只好“编门户、床箦为筏”，淹死者很多。明初在沿海负责军事的是信国公汤和，他移民时则规定，“午前迁者为民，午后迁者为军”。过了午时没来得及迁出的，就要被充军！

尤堪慨叹的是，“明祖定制，片板不许下海”，朱元璋的这些思想和措施都被立为“祖训”，要后世子孙奉行不渝。在朱元璋身后，海禁终明之世在一段时间内有所松动，但始终未予废除。

明初的海禁，是中国前进的一个重大挫折。

在明代以前，中国历代王朝并未实行过海禁，特别是宋元时期的海外贸易发展到了很高的程度。据史学家考证，宋代与五十多个国家和地区有贸易往来。宋王朝疆域狭小，又兵额庞大，单靠农业税无法维持巨额财政支出，逼得宋朝政府将目光投到商业和海外贸易上，宋高宗就说："市舶之利，颇助国用，宜循旧法，以招徕远人，阜通货贿。"因此宋王朝采取了一系列保护和招徕外国海商的措施。到了元朝，统治者更是采用重商主义政策，鼓励海外贸易和对外出口（在特定时期也曾禁止私人出海贸易，为时甚短），其市舶管理和征税制度愈加完备，再加上中外海商"其往来互市，各从所欲"，所以元代的海外贸易发展到一个新的高度，海外贸易所带来的收入在国家财政收入中占了很大的比例，成为元王朝的"军国之所资"。因为积极发展海外贸易，中国的舰船制造技术也走在了世界前列。元末陈友谅攻击朱元璋部队占据的南昌城，陈的大船上下三层，高与城齐，每层都有走马棚，整船可载军士高达三千人，住在上下层的人互相听不见说话，那一幕真让人印象深刻。

回首这段历史，正如当代学者晁中辰所说："如果宋元时期这种海外贸易的势头得以保持并发展下去的话，中国历史的面貌将会是完全不同的另一种样子。可惜的是，这种势头在明代发生了逆转，从而对中国历史进程产生了重大的影响。"

实行海禁，对内易，对外难，为了安抚和笼络其他国家，于是又有了"朝贡贸易"，即允许其他国家以官方名义带一点商品过来，又在中国换一点东西回去。来华的人员、时间、所带的商品品种和数量都有非常严格的限制，这其实已经不是什么贸易了，因为其本身全无经济意义，尤其从经济价值上分析，中国完全是“亏本买卖”，别人“朝贡”的东西值不了多少钱，而我们的“赏赐”却格外丰厚，这就是所谓的“厚往薄来”，用朱元璋的话说，那些不知礼仪的小国既然万里迢迢地来进贡，诚心表示倾慕，则在赏赐的问题上就不要斤斤计较了，“以示朝廷怀柔之意”。而到了洪武二十七年（1394），晚年朱元璋以“海外诸夷多诈”为由，这种没有商业价值，纯出政治目的的“朝贡贸易”也被其叫停，只允许周边两三个小国照常“入贡”。对外交流的大门就此彻底关上了。

关起门来就安全了吗？

朱元璋为什么要实行海禁？主要有这样两种说法：防御倭寇的需要，加之后来发现宰相胡惟庸通倭，企图里应外合造反，所以决心禁海；“自恃中国是天朝上国，无所不有，不需要外国商品”的自大心理。

关于第一种说法，当代历史学家们早已用史实雄辩地证明，“倭寇”的首领及基本成员其实大部分是中国人，即海上走私贸易商人。而商人之所以要冒险到运用武力和强大的国家机器对抗，要害在于朝廷的海禁政策断送了他们的财源，也就是说，是海禁酿就了大规模的海盗集团，而并非相反，是海盗的肆虐催生了海禁政策。至于胡惟庸通倭云云，那只是朱元璋的欲加之罪罢了，说这是他实行海禁的原因更是荒唐，因为早在胡惟庸案发之前，朱元璋就已经在进行海禁了。

关于第二种说法，我疑心论者是对清朝皇帝对外交往过程的表现印象太深，因此在这里产生了错觉，以为朱元璋也是一个“天朝上国，无所不有”的自大狂。

按我对史料的了解，以我个人的看法，与其说朱元璋在对外交往，尤其是与海洋国家打交道中，有一种自大的狂妄心理，毋宁说他多的倒是对海洋的深深恐惧。

朱元璋出身田野，后来一步登天，但尽管他的位置发生了变化，其身份意识却还是牢不可破的，他的言行表明，明太祖虽然穿上了龙袍，仍然不过是一个“小农”，一个帝国深宫里的小农。

长久在内陆生活的人，初见浩瀚的海洋，都会有一种眩晕感。而对一个企图控制他人的统治者来说，其心理就愈加微妙。海洋在他眼里，太不可测了，如果在此之前，他还对自己拥有的力量信心满满，现在他却陷入了迷茫。就朱元璋个人而言，又还有一些现实的因素，在加深他这种沮丧的感觉。元末朱元璋削平群雄，濒海的一支力量方国珍部虽然多数投降了他，但还有部分则扬帆海上，继续与他为敌。对陆地上的负隅顽抗者，朱元璋可以穷追猛打除恶务尽，可是面对海洋，他却只有“望洋兴叹”，海洋让他既恼怒又恐惧。在明朝之前，元朝大军远征日本，因突起的飓风几乎全军覆没，也使朱元璋印象深刻。所以，尽管日本国王曾经多次在外交文书中使用挑衅性语言，他还是一忍再忍，并作为祖训，一再告诫子孙不要对海外用兵。

海洋既无法掌控，怎么办呢？朱元璋的办法是，一方面加强海防，另一方面关起门来，自顾自地经营原有的“一亩三分地”。在他眼里，只有这样，他的家天下才是安全的，他的臣民才是能够被他完全控制的。

对他这种寻求绝对安全的想法，今人当然不必进行无谓的道德批判。但这里有一个问题：朱元璋的海禁，究竟是有利还是不利于他王朝的安全呢？

事实是清楚的，虽然朱明王朝在海防建设上十分用心，虽然在明朝前叶，因西方触角还未伸展到东方，中国人还是获得了一定的安全感，但明中叶以后，这种安全感则越来越不可靠了。1524 年，到澳门来开拓东方殖民地的葡萄牙人就对明王朝的海军战术作了这样轻蔑的描述：“帆船上只装有小型的铁火铳，而无铜火铳，火药也很糟糕……中国人的火绳枪质量低劣，弹丸连普通的胸护甲也打不穿，尤其是他们不懂得如何瞄准。他们的武器主要是竹枪、矛，有的装有铁矛头，有的则用火烧硬，短而钝的弯刀，护胸甲是由铁锡制成。有时人们看到上百艘船围攻一艘海盗船，这些船顺风抛撒石灰粉，以迷盲敌人。因为他们数量众多，可产生一些效果。这就是他们的主要战术。”

中国海洋力量为什么衰落得如此之快？根源还是在于海禁。因为严禁中国商人出海贸易，民间发展舰船制造技术和远洋水平的动力完全消失。

于是，一个悖论出现了：朱元璋竭力加强海防，海禁也是这种努力的一部分，然而海禁却又从事实上严重削弱了王朝的海防。

以朱元璋的智商，为什么会做出这样缘木求鱼的蠢事？一言以蔽之，一种出于个人和家天下需要的隐秘的目的遮住了他的双眼，这个目的就是他不希望任何臣民脱离于他的强力控制之外。他对百姓，对民间深深疑虑，他要遏制民间智慧和力量，而不是激励、支持民间智慧和力量的发展。他根本不懂得，没有民智的发达和民间力量的壮大，他要建立强大的海防，就是无源之水无本之木。

关起门来的朱元璋住在深宫里，终于无须面对变幻莫测、让他眩晕的大海了。他寻找到了一种安全感，可惜，事实证明，这种安全感只是建立在他个人的臆想基础之上。

回光返照的“郑和下西洋”

说海禁是朱元璋所规定的朱明王朝的家法，也许马上会有人质疑，因为明成祖时期，三宝太监郑和的七下西洋不是中国航海史上空前的壮举吗？

我不想否定郑和下西洋所凸显的赫赫武功，对将郑和视为民族英雄的人们的心情也非常理解，不过，我坚定认为，郑和下西洋和明王朝的海禁几乎是互不搭界的两件事，因为“海禁”的要害唯在于禁止民间出海通商。称颂明成祖派遣郑和完成了下西洋的壮举当然是可以的，不过，我们不能忘记，就在郑和下西洋的同时，明成祖仍然是“禁民间海船”的，据《成祖实录》记载，他严令“原有海船者，悉改为平头船，所在有司，防其出入”，平头船还怎么去搏击海浪？后来到了嘉靖年间，明世宗又下令，“不许制造双桅以上大船，并将一切违禁大船，尽数毁之”，“查海船但双桅者，即捕之”。

这对面对海洋心有不甘的沿海居民来说，堪称釜底抽薪。不能不说，在禁海的具体措施上，朱元璋子孙的“智慧”还在代代进步。

那么如此兴师动众的郑和下西洋的目的何在？

或曰为了寻找被明成祖推翻而下落不明的建文帝，或曰意在耀我国威，总之，说它是一项与商业和贸易没有什么关系的官方活动，是没有疑问的。许多人在为明王朝未能将下西洋继续进行下去而大感遗憾，可是，一项耗费巨大、缺乏经济内驱力的官方活动，真的能够长久维持下去吗？从世界航海史就可以看出，正是因为有丰厚利益的召唤，才激发了冒险家们的贪欲，从而促进了航海业的发展。而欧洲的国王们也乐得让冒险家分一杯羹，因为他们知道，得大利的终究是自己。双方的交易清晰记录在哥伦布和西班牙女王于 1492 年 4 月为海上探险而签署的《圣大非协定》上，按照协定，哥氏一旦发现新的土地，那么这块地上总收入的二十分之一就是他的了，只不过其主权属于西班牙国王。

没有社会基础、缺乏经济原动力的郑和下西洋不仅注定难以维持，由于耗资过于庞大，还让民众背上了沉重的负担。它的被停可以说势在必行。

经过好几个朝代，到了明宪宗时期，又有太监向皇帝建议，恢复官方的下西洋。可是出人意料，郑和七下西洋积累的档案资料却找不到了，当兵部尚书（相当于今之国防部长）责问时，兵部侍郎（今之国防部副部长）刘大夏顶了他一句，说昔日郑和下西洋，“费钱粮数十万，军民死且万计”，这是弊政啊，做大臣的理应谏阻才对，不见了就不见了吧。恢复下西洋的动议遂无果而终。

郑和七下西洋档案资料的失踪，对中国航海事业来说，无疑是无法弥补的损失。今人因此而集矢于刘大夏，认为是他故意烧毁了档案，并给他冠了顶阻碍中国航海事业发展的“保守派”代表的帽子。在我看来，这个刘大夏实在够冤枉的。

刘大夏是明朝的名臣，以当时情况而论，谏阻恢复下西洋并没有多少值得非议的地方。皇帝和宦官们希望恢复下西洋，只不过是想借此在海外搜寻奇珍异宝。仅仅为了供他们个人享受，就让民众付出巨大的财产和生命代价，难道不应该受到一个有责任感的大臣的反对？更重要的是，以为当时恢复下西洋，中国的航海业就不会停滞，不过是今人误解历史条件而滋生的一种想当然。还是那句话，没有经济内驱力的推动，没有民间力量的参与，没有民间智慧的勃发，就一定没有航海事业的发达，这已经为世界航海史所证实。

于是，对中国的航海事业而言，郑和空前的七下西洋，就成了可怜的“回光返照”，只剩下了这样一种积极的意义：提醒后来居上的外国人，切莫因为中国后来的封闭，就轻视中国人曾经在海洋上取得的成绩。李约瑟博士就这样为我们愤愤不平地说：“中国人一直被称为非航海民族，这真是太不公平了。他们的独创性本身表现在航海方面正如在其他方面一样。”

可是，叫屈，无论外人，还是我们自己，有什么用呢？

第四节　个人业绩与历史功罪：朱元璋究是几流帝王

明太祖朱元璋，一个在中国历史上毁誉不一的人物。有人称赞他是历代帝王中的卓越人物，也有人把他分成“几截”，肯定这一截而否定那一截，当然更有人抨击他雄猜嗜杀，实为暴君；至于其历史功罪，既有人颂扬他推动了历史前进，也有人斥责他阻碍了中国的发展。

众说纷纭，议论未定，盖由于论者都先有理论，各具诉求，然后秉此理论去套朱元璋这个历史人物，而理论又往往若隔云泥，诉求则常常大异其趣，所以，历史上仅此一个的人物，就有了千般面目，让人莫衷一是。

不能混淆“个人业绩”与“历史功罪”

任何历史人物都不能免身后之议论，都会受到后人的各种审视，贵为天子的朱元璋也无法例外。从其“驾崩”至今，论者多矣，当代，也有吴晗、陈梧桐这两位明史学家先后撰写的《朱元璋传》，对朱元璋的史实进行了基本的梳理，然而，我们却缺乏对史料不以个人好恶为取舍，在平等对待所有可信史料的基础上，以当今世界多数人认同的普世价值为支点，运用大历史的眼光，从当代人的视角，对朱元璋进行观照的作品。这是我读明史和有关朱元璋传记、文章多年，所深以为憾的。

为了弥补这个遗憾，我已通过前面十几万言的文字，作了一个大胆而又粗浅的尝试。陆游说“尝试成功自古无”，而胡适又说“自古成功在尝试”，至于我的这次尝试能否成功，则非所计也。

读者在翻阅了我前面十几万言的文字之后，心目中会留下一个怎样的朱元璋形象？这个问题是我极感兴趣，却又不敢妄加揣度的。就我个人而言，虽然啰唆了这么多，仍觉意犹未尽，愿意作一点最后的补充。

要对朱元璋作盖棺之论，不能不说到我们过去评价历史人物时常常混淆的两个问题，即“个人业绩”和“历史功罪”。这两个问题绝对不能混为一谈，因为一个人具备杰出的才能，达到了个人事业的巅峰，却未必对别人对整个国家有利，这应该是一个很好理解的常识。

一个大人物在历史上的地位如何，当然与其个人业绩有关，但却绝对不能脱离历史功罪去单单放大他的个人业绩。而我们现在要讨论的明太祖朱元璋，其个人业绩和历史功罪究竟如何呢？

说到个人业绩，则我毫不吝惜对朱元璋施加任何惊佩之词。

以一个游方僧人、乞丐，没有任何凭借，一举登上皇帝宝座，这在中国历史上是非常罕见的。依稀能够和朱元璋相比的，只有一个汉高祖刘邦。而在“没有凭借”这一点上，朱元璋又无疑比大小是个亭长的刘邦过硬得多。

朱元璋之取得天下，有机遇的垂青，但不应讳言他个人的杰出才能在这一过程中发挥的重要作用，而且能够在机遇降临时紧紧抓住，不使其溜走，本来也是个人才能的一部分。

刘邦坐上皇位后，因为他的老爹过去偏爱老老实实在家中种田的二哥，不喜欢刘邦游手好闲不务正业，曾经戏弄父亲说：爹啊，你看现在二哥和我谁置下的产业多？刘邦的这种得意是完全可以理解的。一个平民，无尺寸之封，甚至常常还要饿肚子，现在除了天上的东西，居然要什么就有什么，所有的土地都可以说是他的私产，这样的产业，几人能够置办？“士农工商”，不论做哪一种行当，谁能有这么好的收益？更重要的是，以前，在别人的白眼下讨生活，也许连恶狗挡道都不得不避着走，而现在，天下人的命运都在自己主宰之中，今昔对比，怎么可能不像刘邦这样，为巨大的成就感而陶醉？

刘邦、朱元璋主要依靠个人奋斗，走上了人生巅峰。如果古时候时兴励志书的话，他们堪称绝好的励志榜样。

然而，毕竟朱元璋他们积攒的不是一般的产业，而是和国家、民族、历史等一系列宏大的词语紧密相连，那么我们要综合考量其业绩、功罪，所用的标准当然不能和评价一个白手起家最后攒下万贯家财的富翁一样。

要评价朱元璋的历史功罪实在不是一个容易的问题。

沉重而又复杂的历史遗产

朱元璋留下的历史遗产，沉重而又复杂。先说其功绩和较容易得到正面评价的东西：

一、结束了元末的战乱，使国家又得统一，重建了强大的国家机器；

二、劝农桑，修水利，使社会生产秩序得到了较好恢复；

三、稳固边防，同时推行一种不具侵略和扩张性的外交政策，比如他手定“不征之国”，虽然表面上还是以“天朝上国”自居，但实则就是睦邻友好，不主张穷兵黩武；

四、兴学校，重视教育和文化的作用。在朱元璋即位的第一年，有人上疏，请天下府州县均开设学校，得到了朱元璋的嘉奖和采纳，这是“天下遍设学校之始”。明初，不仅各级学校普遍设立，印刷书籍也享受免税优待，教育事业较以前历代都有很大发展。

以上是各种历史书评价朱元璋时都难免要提到的，我就不多费笔墨了。除此之外，我还想说自己在阅读朱元璋史料过程中一个很突出的感受，也是朱元璋应该得到正面评价的一点，就是他对农民和穷苦人有一种朴素的感情。

朱元璋出身于上无片瓦遮身，下无立锥之地的农家，连母亲病死都无钱安葬，他对农民的穷苦无告和一旦揭竿而起时蕴含的惊人力量都曾经感同身受，从而成为一个“重农主义者”。他有许多同情农民的话语和行动，如建国前就带着长子遍历农家，告诫说：你知道农民的辛劳吗？农民身不离田亩，手不释耒耜，终岁勤劳，不得休息，而他们所住的不过是茅屋，穿的不过是布衣，吃的不过是粗饭和野菜羹，却要供应国家所有费用。登上皇位后，还常常情不自禁地回忆起少年时代的饥寒交迫，某一年各地大旱，至次年春仍未缓解，朱元璋和皇后一起减少膳食，在父母灵位前喃喃自语：过去父母大人遭遇凶年用草夹在米中吃，我哪里敢忘呢？现在老百姓又遇上了灾年，这都是我治国无能啊……同年五月的一天，朱元璋从钟山归来，步行了很长一段路程才改步为骑，对侍臣感慨地说：我很久没有农事的经历了，刚才看农民顶着酷暑耕地，非常同情，不觉徒步走了这么远。农为国家之本，国家所需都要从农业里来，农民这么辛苦，我们当官的，不应该多想想他们的辛苦吗？

不应该简单地把朱元璋的上述话语视为“作秀”，因为他并非只说漂亮话。他执行的一系列重农政策众所周知，不再赘言。而洪武朝对穷苦百姓的抚恤也是实实在在的，随便从史籍中摘几条：洪武五年（1372），他下令：饥寒交迫的人，乡里富户要给予援手，孤寡残疾者，由官府收养，不能任其流离失所；洪武八年（1375）二月，命有司寻访贫民无告者，给以衣食屋舍，对臣下说：过去我在民间，目睹鳏、寡、孤、独饥寒交困痛不欲生，常常为之恻然，现在我当了皇帝，代天管理万民，如果百姓还有流离失所者，不仅背离我的初衷，更有违上天要我管理万民的职责。你们要多多体念我的心思，不可使天下还有一人哀哀无告；洪武十九年（1386）七月，他命官员对年龄大的、无亲无靠的人进行慰问，并规定：贫民年八十以上，月给米五斗，肉五斤，酒三斗；九十以上，除这些物资以外，每年加帛一匹，絮一斤；鳏寡孤独者，全部免去赋税，也不用服役，每

年给米五石，如果是孤儿，令亲戚邻里收养，长大后再另立门户。（均见《明实录》）

正因为对农民和穷人的痛苦有很深的感受，所以，又产生了朱元璋的两个优点：一是在古代帝王中，他能够感念物艰，个人享乐方面相对俭朴。洪武元年（1368），蕲州进竹簟，他命退回，又告诫官吏：没有命令，蕲州就来进献竹簟，这个先例不能开，如果一开，天下都会争着进奇巧之物以讨好，“则劳民伤财自此始矣”；洪武六年（1373）十一月，潞州贡人参。朱元璋说：人参得来不易，过去金华进香米，太原进葡萄酒，我都制止了，国家的任务就是养民，为什么要贪口腹之欲而使人民劳困呢？二是非常憎恶官吏上下其手欺压百姓，甚至为此定下了“不许官吏下乡”的荒唐制度，在他的重典治吏措施中，也包含着一些借民众力量监督、惩治贪官污吏的良好愿望，如允许民拿害民官吏进京控告等等。

然而，朱元璋的历史遗产又非常复杂，其复杂性就表现在，其功和过、较易得到正面评价和较易得到负面评价的东西，往往是交织在一起、不可分割的。

比如我们刚刚在上面说，他结束了元末的战乱是其一大功绩，可是他在战后对江浙地区经济上的盘剥、政治上的高压、文化上的歧视，却使当地人民在摆脱战乱之后，又陷入了新的痛苦。难怪苏州百姓在明朝建立之后，还怀念割据称雄时期的张士诚。

我们刚刚说他重建了强大的国家机器，可是在其治下，君权的肆意扩张侵蚀着官僚机构的正常作用，更给传统政治文化的发展带来了极坏的影响。

我们刚刚说他对农民有朴素的感情，推行重农政策富有成效，可是由于他的历史视界过于狭隘，对因工商业发展而产生的社会变动有一种强烈的恐惧和仇视，始终把人民牢牢绑在土地上，坚持厚本抑末，排斥工商业活动，从而阻碍了商品经济的发展，束缚着整个社会的活力。

我们刚刚说他有借助民众力量监督官僚阶层的良好愿望，然而，他有这种愿望的根本在于，他对整个官僚集团怀着一种深深的不信任，这未必是社会之福，也注定难以取得成效。民拿害民官吏制度出台后，除了极个别的案例，这一措施无法普遍施行就是明证。

我们刚刚说大兴学校、发展教育是他的一大善政，但其厉行思想文化专制也是不必讳言的。科举专以八股文取士，逼着读书人死钻经书，文网严密，使知识分子不敢乱说乱动，严重制约着一个民族的创造力，清初思想家顾炎武说："愚以为八股之害等于焚书，而败坏人才，有甚于咸阳之郊。"在他看来，朱元璋的这一招比秦始皇的焚书坑儒更厉害，后果也更严重。当代学者晁中辰更认为："自明王朝建立后的两个世纪内，既没有什么杰出的思想家，也挑不出杰出的文学家、戏剧家或诗人，在科学技术上也见不到什么明显的成就。从这些方面来看，这个时期甚至还赶不上以野蛮著称的元王朝，在中国学术文化史上，这是一个平淡而又平淡的时期。"

又如我们刚刚称赞他的外交政策不具侵略和扩张性，但他实行的海禁政策却使中华民族在历史发展的关键时期失去了机遇，恶劣影响绵延几个世纪，洪武朝的海禁，正是中国积弱的源头。

面对这样沉重而复杂的历史遗产，究竟该给朱元璋一个怎样的盖棺之论？

因为朱元璋是举手投足都会在历史上留下印记的大人物，所以，我们平常所用的“好人、坏人”的两分法肯定是用不上的，一般都喜欢用“是否推动历史前进”这样一个标准来进行衡量。

我得申明一句，对这个通行的标准我并不以然。原因很简单，一个历史人物究竟是推动还是阻碍了历史前进，很不好讲，也太难判别。比如秦始皇，我们很多历史学家们几乎众口一词地认为，他推动了历史前进，功大于过。然而我们如果紧跟着问一句：如果没有秦始皇，没有他的这种所谓“推动”，中国社会又会如何演变？对这样一个问题估计没有人能够说得清，也没有人敢作非常自信的大胆预测。既如此，那么“推动”云云又从何说起？

可是评价像朱元璋这样的历史人物，对其“是否推动历史前进”这一问题作一判断似乎又是必不可少的功课，我在这里也姑且从俗。

朱元璋究竟是推动还是阻碍了历史前进？吴晗先生的《朱元璋传》是这么说的：“朱元璋有许多功绩，也有许多缺点，就他的功绩和缺点比较起来看，还是功大于过的。他是对社会生产的发展，社会的前进起了推动作用的，是应该肯定的历史人物。”陈梧桐教授的《洪武皇帝大传》则说：“综其一生的活动，主要还是起了促进社会进步、历史发展的作用，因此是功大于过的。他的缺点错误虽然也十分严重，但与他的历史贡献比较而言，还是次要。”不同的年代，两位学者，调子如出一辙。坦率地说，对此我很难认同。

朱元璋固然也有一些善政，也有一定成绩，但起到的显然都只是局部的暂时的作用，而其“缺点”的负面影响，如海禁、阻止工商业发展、思想文化专制等等，却是绵延后世，让任何一个对中国历史和文化稍有了解的人都不能须臾忘怀的。这样一个人物，还怎么去推动历史前进？如果这样一个人物，都成了推动历史前进，“应该肯定的历史人物”，那么中国历代帝王中，还有多少不曾推动历史前进？

君主的个人魅力之毒

在历代帝王中，朱元璋不仅很受学者的赞誉，寻常人等也对他颇有好感。这是我一直深以为怪的。

细细想来，出现这种现象，其中一个重要原因自然是我前面所说的，没能将个人业绩和历史功罪区分开来，仅仅把这个白手起家的皇帝当成了励志典范。除此之外，应该还隐藏着一种深刻的大众文化心理，即很容易被大人物表面的“个人魅力”所迷惑。

朱元璋当然是很有个人魅力的，英武果断，雄才大略，是个名副其实的一代雄主。用西方思想家韦伯的理论，在他的身上，有一种“克理斯玛光环”，这种光环常常让一个普通人眩惑，从而失去基本的判断能力。失去基本的判断能力之后，中国人便常常滋生一种我所说的“雄主情结”。“雄主情结”的要害，就是将“雄主”理想化，并期盼其来拯救自己。

可是，从中国历史上看，一个具有浓厚个人魅力的“雄主”的出现，未必是普罗大众的福音。秦始皇不用说了，汉武帝的穷兵黩武、雍正乾隆时期的严苛峻密，对一个不关心宏大问题只注意庸常生活的平民百姓来说，其值得欢欣鼓舞的地方又在哪里？

耐心查究一下，喜欢将“雄主”理想化，对“雄主时代”津津乐道、向往不置的，其实往往并非曾经的感同身受者，而是异代的人们。就拿朱元璋来说吧，明前期和中期的野史笔记中，提到朱元璋就心有余悸的人比比皆是，可是到了明末的衰世，借古抒情、对明初盛世大唱颂歌的人就突然多了起来。试想一下，如果把明末这些作者“空投”到明初，让他体验一下那种战战兢兢的生活，他可还会这般兴奋？

回头审视中国历史，除了超过常轨的昏暴之君，与所谓的“雄主”相比，毋宁说在那些“庸君”的治下，百姓的幸福指数还相对高些。为什么？我曾经写过一篇《末世礼赞》，阐述这种现象时认为：在衰世和末世，“庸君”不具备“雄主”那种强大而又可怕的控制社会能力，专制的铁爪不得不有所放松。

中国历史上颇有一些上述的“庸君”，他们自知缺乏雄才大略，也没有什么奇思异想和狠辣手腕，只准备老老实实守着祖宗的基业，能够不出大乱子就行了。就以明朝而论，仁宗、宣宗、景帝和后来的孝宗，其个人魅力显然无法和明太祖、明成祖相比，但这几个朝代的百姓，其承受的种种压力无疑又比太祖、成祖时期小多了，幸福指数理应会高一些。

综上所述，我现在可以回答“朱元璋究是几流帝王”这个问题了。他肯定不是一流帝王，就是放到二流帝王中，因为有上述这样一些“庸君”的存在，他也无法占据前列位置。

这一判断大异前人，未必能得到广泛的认可，但这是我阅读史料和独立思考的结果，我只能坚持，这是没办法的事。

写完此书，搁笔寻思，首先跳进脑海的居然是梁启超先生用宋词集的一副对联：

春已堪怜，更能消几番风雨；

树犹如此，最可惜一片江山！

寥寥数字，已道尽我胸中块垒，再说什么都属多余了。

附录　朱元璋大事要录

公元1328年（元天历元年）10月21日，朱元璋生于安徽濠州（今属凤阳）。该年天下大饥，民相食。

1344年（元至正四年），朱元璋17岁。

5月，淮北大旱，继以瘟疫，朱元璋父朱五四、长兄朱重四先后病卒，6月，母陈氏卒。迫于生计，朱元璋于该年10月入皇觉寺出家为僧。12月，因寺院中缺粮，朱元璋离寺，游食于淮西。

1345年（元至正五年），朱元璋18岁。

这一年，天灾人祸不断，盗贼蜂起。朱元璋在外谋食困难，返回皇觉寺。

1352年（元至正十二年），朱元璋25岁。

4月，因老乡汤和之招，朱元璋投奔起兵造反的郭子兴，颇受信任，不久，娶郭子兴义女马氏（马皇后）。

1355年（元至正十五年），朱元璋28岁。

4月，郭子兴卒，红巾军小明王委郭子兴的儿子郭天叙为都元帅，郭子兴的妻弟张天佑为右副元帅，朱元璋为左副元帅。郭部名义上为红巾军系列，实不受其节制。

10月，郭部进攻集庆（今属南京），郭天叙、张天佑均战死。于是郭部尽归朱元璋统率。

1358年（元至正十八年），朱元璋31岁。

7月，史籍记载，郭子兴第三个儿子郭天爵据说将不利于朱元璋，为朱所杀。

同年，朱元璋召各方儒士，咨询大计，唐仲实告诉他过去汉高祖、唐太宗、宋太祖等人能够统一天下，“皆以不嗜杀人”，朱升示以九字方略，即“高筑墙，广积粮，缓称王”，朱元璋大为嘉喜。

1361年（元至正二十一年），朱元璋34岁。

8月，因元将察罕帖木儿势大，朱元璋恐不能与争，遣使与其交好，欲观察战局，缓缓图之。后察罕帖木儿被刺身死，朱元璋感叹：“天下无人矣！”遂不复与元朝通。

同年，小明王封朱元璋为吴国公。

1363年（元至正二十三年），朱元璋36岁。

2月，割据江浙的张士诚发兵攻安丰（今属安徽寿县），时安丰为称帝的红巾军小明王之最后据点，拥小明王称帝的刘福通求救于朱元璋，刘基劝朱元璋不必往救，朱不听，于3月亲领大军奔赴安丰。时刘福通已战死，朱元璋败张士诚军，救出小明王，将其安置于安徽滁州。

6月，朱元璋劲敌、割据于江西的陈友谅趁朱元璋奔赴安丰之机，造巨舰，兴兵号称60万，进围朱元璋军所占的洪都（今南昌城），朱部奋力拒守，三月而不能下。朱元璋闻警，率师救援，两军于9月在鄱阳湖展开决战，陈友谅败死，残部奉其子陈理退归武昌。

陈友谅兴兵之前，约张士诚夹攻朱元璋，而张士诚佯应之，未按约定行事。

1364 年（元至正二十四年），朱元璋 37 岁。

2 月，朱元璋自立为吴王，建百官，仍以小明王的龙凤年号纪年，下旨曰“皇帝圣旨，吴王令旨”。

3 月，朱元璋率军进攻武昌，陈友谅之子陈理降。朱元璋见陈理幼弱，扶之起，握其手曰：“吾不罪汝”。4 月，封陈理为归德侯。洪武五年（1372），以其言行不谨而放逐于高丽。

1366 年（元至正二十六年），朱元璋 39 岁。

12 月，朱元璋遣水军大将廖永忠迎小明王，途中沉于江。

1367 年（元至正二十七年），朱元璋 40 岁。

4 月，朱元璋下令于辖区设文武科取士。

该年，朱元璋攻张士诚，困苏州城近一年，10 月城破，俘张士诚囚送南京，士诚不食，死。朱元璋下令迁苏州富民于濠州。

同年，朱元璋攻浙东割据政权方国珍，方国珍及其弟降。

1368 年（洪武元年，又元至正二十八年），朱元璋 41 岁。

1 月，朱元璋即皇帝位，定国号曰大明，建元洪武，以长子朱标为皇太子，李善长、徐达为左、右丞相。

2 月，朱元璋攻福建割据政权陈友定，俘获陈友定，陈友定不降，与其子并死之。

3 月，明军下山东济宁，朱元璋逼患疾之衍圣公进京朝见。

9 月，明师攻入元朝都城大都，元顺帝北遁大漠。元亡。

1370 年（洪武三年），朱元璋 43 岁。

3 月，召江南富民来朝，朱元璋警告其不要倚富欺压小民、武断乡曲，名曰《教民榜》。

同月，以“海夷狡诈无常”为由，罢江苏太仓黄渡市舶司，此为海禁之始。后每隔两三年，重申海禁之令。

5 月，朱元璋封皇子九人为王，择名城大邑，待其成年而就藩。此为已废弃的封建制度之复兴，但与汉代略有不同者，明朝藩王“列爵而不临民，分藩而不赐土”。

9 月，京师和各省开乡试，正式建立科举制度。朱元璋下诏宣布“非科举者，毋得与官”。

11 月，朱元璋面谕群臣，论功行赏，大封功臣。

1371 年（洪武四年），朱元璋 44 岁。

该年，朱元璋攻割据四川之夏政权，许诺夏主明升若降，“必享茅土之封，保先人之祀，世世不绝”，明升降，封归义侯。次年，与归德侯、陈友谅之子陈理同被放逐于高丽。

同年，朱元璋令各地州县设立粮长，以田多者充之，帮助官府督办乡里赋税。成绩突出，朱元璋常召见之，并擢升为官。其初衷在于在使胥吏不得上下其手，起初弊端尚少，后来则粮长反成为与胥吏狼狈为奸鱼肉百姓的工具，为害更大。终明一代，实为弊政。

1372 年（洪武五年），朱元璋 45 岁。

5 月，朱元璋以功臣多违法，作铁榜申诫公侯，定下九条禁令。

1373 年（洪武六年），朱元璋 46 岁。

1 月，朱元璋读孟子，至“君之视臣如草芥，则臣视君如寇仇”，认为非臣子所宜言，命罢孟子配享孔庙之资格。后鉴于舆论压力，恢复配享，但命儒臣“删孟”，修《孟子节文》。

2 月，以科举录取多“后生少年”，不通事务，下诏停止科举。

1374 年（洪武七年），朱元璋 47 岁。

该年，苏州知府魏观重修张士诚宫殿作衙门，请著名诗人高启作《上梁文》，被指为谋反，二人同被腰斩，牵连江南名士颇多。

1375 年（洪武八年），朱元璋 48 岁。

2 月，朱元璋以各地府、州、县缘有学校，独乡社之民未沾教化，令天下立社学，聘儒生教民间子弟。从此学校遍布全国。

4 月，沉小明王于江的廖永忠被赐死。谋臣刘基卒。刘基作为浙东儒生集团领袖人物，深受淮西权贵之排挤，早早退出官场。

1377 年（洪武十年），朱元璋 50 岁。

8 月，朱元璋派监察御史巡按州县，察民隐而纠吏弊，大事上奏，下事可径行处理。巡按之设自此始。

1379 年（洪武十二年），朱元璋 52 岁。山西平遥县训导叶伯巨应元璋之诏上书言事，认为“当今之事，大过者三：分封太侈也；用刑太繁也；求治太速也”。书上，朱元璋大怒曰：“小子间吾骨肉，速逮来，吾手射之！”叶伯巨死于狱中。

该年前后，空印案起。死者近万。

1380 年（洪武十三年），朱元璋 53 岁。

1 月，右丞相汪广洋因事贬海南，舟行于太平，朱元璋下令杀之。

2 月，左丞相胡惟庸谋反案发，株连甚广，死者达三万余人。朱元璋因此罢中书省，废丞相，政归六部。

4 月，朱元璋下令减苏州、松江、嘉兴、湖州四府重租赋额。虽稍予核减，然较之他省，尤为最重。

9月，朱元璋废相后深感“密勿论思，不可无人”，“乃建四辅官”，以为参谋之助，然作用甚微，不到两年即废除。

1381年（洪武十四年），朱元璋54岁。

2月，朱元璋令天下编赋役黄册，这是一种人口簿籍，并以此为基础建立里甲制度。又规定百姓非有“路引”不得离本土百里。

1382年（洪武十五年），朱元璋55岁。

5月，朱元璋改仪鸾司为锦衣卫，直接对皇帝负责，专门侦听臣下不法事，并有扣押、审判之权。

7月，广平府吏王允道进言：磁州临水镇产铁，元时曾于此设冶炼机构，炉丁一万五千户，一年收铁百余万斤，请按旧制冶铁。朱元璋以需要炉丁一万五千户实为扰民，杖王允道，流放海外。

9月，马皇后病卒。

11月，仿宋朝制度，设置“殿阁大学士”，即后来“内阁”之滥觞。

1384年（洪武十七年），朱元璋57岁。

3月，朱元璋下令恢复科举，又命礼部颁科举取士程式，成为明朝之永制。

同月，明初名将、朱元璋姐子李文忠卒，记载歧异，死因莫名。

1385年（洪武十八年），朱元璋58岁。

4月，明初名将、元璋取天下之第一功臣徐达卒。传闻颇多。

5月，户部侍郎郭桓盗官粮案发，牵连甚广，天下官吏死者数万，民间中人之家多破产。民间皆怨，8月，朱元璋又以此案牵累良民，大赦天下。

11月，特种刑法《御制大诰》编成，颁行天下，不久又修成《续编》《三编》，专以严刑峻法为务。《三编》中规定“寰中士夫不为君用，是外其教者，诛其身而没其家，不为之过”，读书人的消极自由亦不复有。

1386年（洪武十九年），朱元璋59岁。

4月，朱元璋召见户部大臣，批评桑弘羊、杨炎等“前代理财窃民之臣”。

7月，令地方官员慰问耆老，抚恤贫穷无告者。

1387年（洪武二十年），朱元璋60岁。

1月，因锦衣卫多非法凌虐，朱元璋悉取其刑具焚之，以安人心。

1388年（洪武二十一年），朱元璋61岁。

7月，信国公汤和解甲归凤阳，朱元璋厚赐，欲以其为带兵功臣之表率。

8月，朱元璋爱重新科进士解缙，声称“朕与尔义则君臣，恩犹父子”。解缙感奋，上书批评朱元璋“无几时不变之法，无一日无过之人”，朱元璋赏叹其才。

1390年（洪武二十三年），朱元璋63岁。

2月，国子监祭酒宋讷卒，宋讷办学主严苛，然为朱元璋所重。

7月，朱元璋杀姻亲、开国文臣之首、故丞相李善长，牵累甚多。又作《昭示奸党录》，布告天下。

1392年（洪武二十五年），朱元璋65岁。

5月，皇太子朱标卒，年三十八。朱元璋召群臣时痛哭。经反复权衡，朱元璋立朱标之子朱允炆为皇太孙，定为继承人。

9 月，颁《醒贪简要录》，使食朝廷俸禄者守法恤民。

10 月，诏求精通历数之阴阳家，果有应验者，封侯。

1393 年（洪武二十六年），朱元璋 66 岁。

3 月，名将、凉国公蓝玉以谋反罪被杀，族诛。功臣死者甚众。

1394 年（洪武二十七年），朱元璋 67 岁。

2 月，禁民间用番香、番货，敢有私下海贸易者，置之重法。广东、广西产香木，为免与番货混淆，只许自用，亦不准越岭售卖。

12 月，明初名将、开国功臣、颍国公傅友德冤死。

1395 年（洪武二十八年），朱元璋 68 岁。

2 月，明初名将、开国功臣、宋国公冯胜被赐死。至此，元勋宿将殆尽。

8 月，汤和卒。与汤和同时功臣多以细故诛死，汤和独得寿终。

1397 年（洪武三十年），朱元璋 70 岁。

7 月，驸马都尉欧阳伦贩运私茶，赐死。

1398 年（洪武三十一年），朱元璋 71 岁。

6 月 24 日，朱元璋病卒于南京。葬孝陵，谥曰“高皇帝”，庙号“太祖”。皇太孙朱允炆继位。次年 7 月，朱元璋第四子、燕王朱棣以清君侧为名，自封地北京举兵反抗，经过三年战争，攻破南京城，登帝位，即明成祖。

（注：此要录主要依据孙正容《朱元璋系年要录》，并参以他书制成）

后记

本书 2009 年曾以《成功的为什么是朱元璋》为书名由人民日报出版社出版，具体过程是由一位书商朋友操作的，不久就售罄了。

这么多年，我从读者那边接到的最大意见主要有两点：一是书名太俗滥，看上去像一本“成功学”著作；二是纸张和设计过于粗糙，拿到手里感觉像一本盗版书。

读者的意见和我个人的感受可以说不谋而合。近年来图书界做书有明显的精致化趋向，小精装之类的形式设计广受欢迎就是一个证明。而在这样一种趋势之下，这本装帧粗糙的小书居然还能被一些读者所接受，一方面，我对读者心怀感激；另一方面，我也期待此书能够“脱胎换骨”，以一种更好的面目呈现在读者面前。

现在终于有了这个机会。换上了我最初写作时拟定的书名，对正文作了文字修饰，另外还补入了一些新的史料，可以说它已是一本全新的著作了。

陈寅恪诗曰：读史早知今日事。历史和今天的确需要打通，否则读史和研史就失去了意义。自 2009 年我专注于朱元璋至今，中国大地上的人事变化可谓纷纭，在心智容易动摇的时刻，我保持了向历史去寻找答案的习惯，而朱元璋恰是鉴往知今的一面宝镜。

关于朱元璋的是非争议从来就没有平息，试图“止争”的做法往往只会增加新的争议。

犹记当年写作之初，《历史学家茶座》一位编辑想刊发本书中的一篇文章，给我打电话说为慎重起见，稿子要给他们刊物的学术顾问、某位明史专家审阅，过了一段时间，编辑转达了专家的意见，说是“野狐禅”，据说专家还愤愤然地表示，当下戏说历史的风气太坏了。其实当编辑提起这位专家姓名的时候，我就预料到了结果，因为在这位专家关于朱元璋的大著里，完全沿袭着“农民起义、蜕化变质、地主阶级总代表”的类似老调，而且他以所谓“辩证”的方法看待和评价朱元璋，结果是功远大于过、推动了历史前进……

在这位专家批评我为“戏说”之后不久，中央党校所办的《学习时报》对我那篇文章进行了转载，视为新的“理论动态”。尤其值得一提的是，仍然是这位专家，近年又出了一本关于朱元璋的新著，还获了大奖，但我翻阅了一下发现，主要内容和作者的观点基本一仍其旧。如果说当年我还想就到底谁在戏说历史的问题略作申诉，现在可以说对这种层次的争论已经毫无兴趣，因为并不是所有的争论都富有价值。

“青山依旧在，几度夕阳红。”不去争论朱元璋了，且看如画江山如何？

“最可惜一片江山！”

2017 年 4 月记于广州